Cem Ekmekcioglu

Das Glück der Berührung

Das Buch

Alle Menschen brauchen angenehme Berührungen. Ohne zärtlichen Körperkontakt, ohne regelmäßige Streicheleinheiten trocknen wir wie eine Pflanze aus und verkümmern mit der Zeit. Die Haut steht in enger Verbindung mit dem Gehirn, welches ständig Reize aus der Umgebung aufnimmt und verarbeitet. Wird das Gehirn zu wenig mit wohltuendem Input, etwa sanften Berührungen, »gefüttert«, entwickelt es Störungen. Die Psyche leidet eindeutig unter nicht erwünschter Einsamkeit und damit verbunden auch Berührungslosigkeit. Aber nicht nur die Psyche, sondern auch der Körper wird in Mitleidenschaft gezogen, wenn man über längere Zeit sozial isoliert lebt und sich einsam fühlt. Stress, hoher Blutdruck oder ein schwächeres Immunsystem sind beispielsweise die Folgen davon. Andererseits sind zärtliche Berührungen in der Lage, Stress abzuwehren und den Blutdruck zu senken.

Aus dem Vorwort

Der Autor

Cem Ekmekcioglu lehrt und forscht am Zentrum für Public Health an der Medizinischen Universität Wien. Er wurde 1965 in Wiesbaden geboren und studierte Medizin in Wien. Er ist Physiologe und Autor zahlreicher medizinischer Fachpublikationen sowie populärer Ernährungs- und Gesundheitsbücher. Cem Ekmekcioglu ist mit einer Ärztin und Psychotherapeutin verheiratet und Vater von drei Kindern.

Cem Ekmekcioglu

Das Glück der Berührung

Halt und Geborgenheit finden durch Zärtlichkeit

Unter Mitarbeit von Anita Ericson

HERDER

FREIBURG · BASEL · WIEN

HERDER spektrum Band 6885

Dieses Werk basiert auf dem seit 2013 vergriffenen Buch Der unberührbare Mensch *(Edition a, Wien). Wir danken dem Verleger der Edition a für die Übertragung der Rechte an mich und Anita Ericson. Aus Gründen der besseren Lesbarkeit wurde auf die Anführung von Quellenverweisen im laufenden Text verzichtet. Eine vollständige Auflistung aller zitierten Werke finden Sie am Ende des Buches.*

MIX
Papier aus verantwortungsvollen Quellen
FSC® C083411
www.fsc.org

Titel der Originalausgabe: Drück mich mal. Warum Berührungen für uns so wichtig sind © Westend Verlag GmbH, Frankfurt/Main 2015

www.herder.de

Umschlaggestaltung: buxdesign Agentur für Konzeption, Gestaltung und Produktion
Umschlagmotiv: © istockphoto

Herstellung: CPI books GmbH, Leck

Printed in Germany

ISBN 978-3-451-06885-0

Inhalt

Vorwort 9

1 **Berührung ist Leben** 13

Halt finden 16
Berührung ist die Grundlage unserer Existenz 18
Die Hierarchie der Sinne 21
Drei feine Unterschiede 24

2 **Die Macht der Berührung** 29

Massage gegen Kummer 33
Berührung weckt Lebensenergie 35
Shiatsu als Burn-out-Prophylaxe 38
Kosmische Schwingungsmuster 39
Reich mir deine Hand 41
Berührung beruhigt 42
Unter der Haut 44
Berührung kommt an 48
Zum Leben gestreichelt 50
Durch Berührungen Traumata benennen 52
Halten gibt Halt 54
Sag es mit Berührung 55

Begrüßung der besonderen Art 57
Hautsensoren nehmen, was sie bekommen 59
Der manipulative Touch 61

3 Wir werden zu wenig berührt 67

Sich berührend fallen lassen 69
Wunderdroge Oxytocin 71
Gewohnheit lässt uns abstumpfen 74
Rühr mich nicht an 75
Die ersten Stunden sind entscheidend 77
Mäuschen allein zuhause 79
Grenzen setzen 81
Berührungsängste 82
Männer brauchen viel Zärtlichkeit 84
Homo sapiens 2.0 87
Die Liebe in der Familie 92
Distanz und Nahkultur 93
Es war einmal 97
Limitierter Zutritt 99
Es geht immer um … Sex 102

4 Wie uns Berührungsmangel krank macht 107

Defizite im Gehirn 109
Sichtbare Berührungsarmut 111
Der Leidensdruck steigt 112
Die Mikado-Frau 114
Berührung als Schutzschild 116
Weg vom Schirm, rauf auf die Matte 118
Die Kuschelzelle 120
Komm mir nicht zu nahe 121

Einsame Cowboys 123
Zu stressig 125
Milchmädchenrechnung 131

5 **Berührungen bekommen und genießen** 135

Es war noch nie so einfach, angenehme Berührungen zu bekommen 136
Eine Umarmung for free 138
Begrüßungsrituale 143
Gib mir fünf 147
Die Magie der verliebten Berührung 150
Mehr Berührungsqualität in der Partnerschaft 151
Modewort Wellness 155
Massage gegen Schmerzen 158
Massagen für daheim 160
Ein Touch gegen sitzenbleiben 162
Liebe zum Lebensende 164
Arche Noah unterwegs 167
Black Beauty 169
Der Hund im Bett 173
Wie viel »drücken« ist genug? 175
Nicht immer ist es angenehm 175

Epilog 181

Literatur 185

Vorwort

Alle Menschen brauchen angenehme Berührungen. Ohne zärtlichen Körperkontakt, ohne regelmäßige Streicheleinheiten trocknen wir wie eine Pflanze aus und verkümmern mit der Zeit. Die Haut steht in enger Verbindung mit dem Gehirn, welches ständig Reize aus der Umwelt aufnimmt und verarbeitet. Wird das Gehirn zu wenig mit wohltuendem Input, etwa sanften Berührungen, »gefüttert«, entwickelt es Störungen. Die Psyche leidet eindeutig unter nicht erwünschter Einsamkeit und damit verbunden auch Berührungslosigkeit.

Aber nicht nur die Psyche, sondern auch der Körper wird in Mitleidenschaft gezogen, wenn man über längere Zeit sozial isoliert lebt und sich einsam fühlt. Stress, hoher Blutdruck oder ein schwächelndes Immunsystem sind beispielsweise Folgen davon. Andererseits sind zärtliche Berührungen in der Lage, Stress abzuwehren und den Blutdruck zu senken, wie wissenschaftliche Untersuchungen eindrucksvoll zeigen konnten. Angenehmer Körperkontakt ist lebenswichtig für den Säugling und übt einen positiven Einfluss auf verschiedenste Körperfunktionen aus. Durch Ausschüttung des »Kuschelhormons« Oxytocins schafft er beispielsweise Wohlbefinden und Zufriedenheit bei Jung und Alt. Berührungen sind außerdem ein wichtiges Kommunikationsmittel, das die Menschen einander näher bringt und gegenseitiges Vertrauen erzeugt. Und Nähe ist das, was vielen fehlt.

Wir leben ohne Übertreibung in einem berührungsfeindlichen Umfeld, das von sozialer Isolation, Einsamkeit und Mangel an zwischenmenschlichem Vertrauen geprägt ist. Hinzu kommt noch die rundum technisierte »schöne neue Welt«, die uns vollkommen im Griff hat. Die neuen Kommunikationsgeräte und die Medienflut haben sich in einer beunruhigend kurzen Zeit still und heimlich zwischen die Menschen gezwängt und ihren Zwischenraum vergrößert. Unsere Hände und Finger mit den hochempfindlichen Tastsensoren berühren nicht mehr andere Hände, nicht eine andere warme Haut, sondern verlockende Touchscreens aus lebloser Masse. All das fordert seinen Tribut: die permanente Berührungslosigkeit.

In diesem Buch möchte ich Ihnen die immens wichtige Bedeutung von angenehmen Berührungen für die seelische und körperliche Gesundheit des Menschen näher bringen und Ihnen ein taktiles Bewusstsein schaffen, so dass Sie mehr darauf achten zu berühren, aber auch berührt zu werden. Ich wünsche Ihnen auf jeden Fall viel Freude und Inspiration beim Lesen dieses Buches. Mögen auch Sie davon profitieren.

Wien, im März 2015

1 Berührung ist Leben

Wie immer das sein mag, der Beweis ergibt unmissverständlich, daß kein Organismus allzu lange ohne äußere kutane Stimulation leben kann.
Ashley Montagu, *Körperkontakt*

Wir alle brauchen Halt im Leben. Leider ist in großen Teilen unserer Gesellschaft das Wissen darum verloren gegangen, wie sehr dieser Halt mit dem Bedürfnis zusammenhängt, berührt zu werden. Nur wer angefasst wird, kann auch gehalten werden. Wir alle, die wir in den westlichen Industriestaaten durch unser Leben hetzen, sind Teil einer Gesellschaft, die an chronischem Berührungsmangel leidet. Viele Menschen, die als Singles leben, schütteln zwar Tag für Tag ihren Geschäftspartnern die Hand – mehr Berührung aber erfahren sie nicht. Auch Menschen, die in festen Beziehungen sind, leiden häufig an Berührungsmangel. In vielen Partnerschaften wird die Körperlichkeit auf den Bereich der Sexualität reduziert, und deren Intensität nimmt mit den Jahren oft auch noch deutlich ab. So vermissen beide Partner, ob sie es nun bewusst wahrnehmen oder nicht, das notwendige Maß an Zuneigung.

Früher galt Berührungslosigkeit hauptsächlich als ein Problem älterer Menschen, die oft sehr darunter leiden, nur noch von Ärzten und Pflegern versorgt, aber niemals in den Arm genommen zu werden, niemals die körperliche Nähe eines anderen Menschen zu spüren. Heute aber betrifft der Mangel an Berührung Menschen aller Generationen und aller sozialen Schichten. Unsere vergeistigte, kopflastige Gesellschaft hat das Gefühl für ihre Körperlichkeit verloren. Und sie bemerkt nicht, wie sie das langsam krank macht.

Wir alle brauchen dringend Halt. In der frühen Phase unseres Lebens finden wir ihn an der Brust unserer Mutter, später sind wir auf andere Menschen angewiesen. Dieser Halt gibt uns Geborgenheit im Unbekannten, er verankert uns in der Realität. Laufen wir im Zuge unseres Lebens Gefahr, die Bodenhaftung zu verlieren, geben Berührungen uns wieder Halt in der Unendlichkeit des Seins und damit das Gefühl der Geborgenheit, die wir brauchen wie die Luft zum Atmen, denn sie ist die Basis für unser seelisches Wohlbefinden.

Es werden verschiedene psychosoziale Grundbedürfnisse für die seelische Gesundheit für wichtig gehalten.* Diese könnten auch als Pyramide, anlehnend an die bekannte Bedürfnishierarchie des US-amerikanischen Psychologen Abraham Maslow, dargestellt werden.

Dabei stehen an der Basis der Pyramide die körperliche Nähe und Geborgenheit, die wir ab der Geburt erfahren. Aus dieser Geborgenheit und sicheren Bindung heraus kann sich unser Selbstwertgefühl ausbilden und können wir zu unserer Identität finden. Das wiederum ist eine wichtige Voraussetzung für Zufriedenheit, Lebenslust und Glück.

Es gibt keinen Menschen, der das Bedürfnis nach angenehmem Körperkontakt und Geborgenheit nicht hat. Das gilt für alle Lebensphasen, von der Geburt bis zum Tod.

---

* Zusammengefasst in K. Stauss, *Bonding Psychotherapie: Grundlagen und Methoden*, Kösel Verlag, 2006.

Übrigens, wenn wir uns der Sprache bedienen, gibt es wahrscheinlich kein mächtigeres Wort dafür, eine Sache voll und ganz zu verstehen, als den Ausdruck »begreifen«. Überhaupt manifestiert sich die Bedeutung von Berührungen, der enge Zusammenhang zwischen anfassen oder angefasst werden und den dabei frei werdenden Emotionen, in unserer Sprache. Wenn uns etwas sehr nahe geht, sind wir »berührt«, »gerührt« oder die Sache »geht uns unter die Haut«. Wir sprechen davon, berührt zu sein, wenn wir Eindrücke empfangen, die Spuren in unserem Leben hinterlassen. Berührtsein gehört zu den gefühlvollsten Begriffen in der deutschen Sprache und ist ohne jegliche Zweideutigkeit positiv. Wenn wir berührt sind, empfangen wir Wärme nicht nur, sondern strahlen sie auch tief aus dem Herzen wieder aus.

Halt finden

Unsere allererste Erfahrung in der Welt ist das Ankommen. Die Art und Weise, wie das geschieht, prägt sich tief in unser Gedächtnis ein. Ist es ein angenehmes Hineingleiten, können wir aus dieser Geborgenheit ein Leben lang schöpfen, weil wir uns insgeheim immer sicher sind, dass jemand da ist, der uns auffängt. Angelika Lessiak hat als Hebamme schon viele hundert Kinder sanft entbunden. Sie schildert uns die Geburt ihres zweiten Kindes, ihrer Tochter Helene: »Ich saß am Geburtshocker und hatte starke Wehen. Doch dann ging alles ganz rasch, und schon lag sie vor uns. Sie hing noch an der Nabelschnur und wirkte irgendwie überrascht. Ihre Augen wanderten hin und her, als ob sie dächte, ›Aha, da bin ich jetzt‹. Sie schien verwundert, als sie von mir zu ihrem Vater und wieder zu mir blickte. Als ich sie in meine Arme nahm, spürte ich deutlich, wie sie sich entspannte, und da wusste ich: Sie ist gelandet.«

Die winzige Helene hatte Halt gefunden, allerdings noch längst keine Ahnung, wer sie ist. Denn das Ich entwickelt sich erst im Laufe der frühen Kindheit und braucht dazu Berührungen. Erst durch Berührungen entwickeln wir eine Vorstellung von uns selbst, beginnen wir zu differenzieren zwischen dem Ich und allem anderen.

Das ist weit weniger abstrakt, als es sich auf den ersten Blick hier liest. Stellen wir uns vor, wir kennen unseren Körper noch nicht und sind damit auch nicht in der Lage, uns gezielt zu bewegen. Wir können unsere Beine, unseren Rumpf und unsere Arme sehen, und wir können unseren eigenen Geruch riechen. Doch was wir sehen oder riechen, sind Wahrnehmungen aus der Distanz, die nicht zwangsläufig mit uns zu tun haben. Wir betrachten unseren Arm, können allein vom Sehen her aber nicht beurteilen, ob er zu uns gehört. Erst im Berührtwerden können wir sicher sein, dass wir es sind, denn das ist etwas, was wir spüren. So entwickelt sich beim kleinen Kind nach und nach die Vorstellung vom eigenen Körper, da Berührungen immer und ausschließlich direkt an der Körperaußengrenze stattfinden. Das heißt, alles, was innerhalb dieser Grenze liegt, ist das Ich, alles andere quasi das Nicht-Ich. Stück für Stück legen Babys so das Körperschema fest, eine Art Landkarte von sich selbst, die sie brauchen, um koordiniert durchs Leben zu gehen, und die sie in ihrem Gehirn abspeichern.

Die Berührung hat aber auch eine umfassende seelische Komponente. »Die psychische Hülle entwickelt sich auf der Grundlage der körperlichen Hülle«, folgert der französische Psychoanalytiker Didier Anzieu. Er prägte den Begriff des Haut-Ich: »Unter Haut-Ich verstehe ich ein Bild, mit dessen Hilfe das Ich des Kindes während früher Entwicklungsphasen – ausgehend von seiner Erfahrung als Körperoberfläche – eine Vorstellung von sich selbst entwickelt als Ich, das die psychischen Inhalte enthält.« Frei übersetzt meint Anzieu, dass wir unseren Körper als einen Container sehen, der unsere Seele, unser Ich enthält.

Doch bis es so weit ist, dauert es einige Monate, in denen das Kind durch Berührungen die eigenen Grenzen kennenlernt und langsam eine Identität festlegt, den Container sozusagen füllt. Wir müssen bedenken, dass das Neugeborene keine Ahnung hat, wer oder was es eigentlich ist. Hält man ihm einen Spiegel vor Augen, hat es nicht den blassesten Schimmer, wer ihm da so verdutzt entgegenblickt. Erst mit der Zeit versteht es etwa, dass das Händchen, das da immer wieder vor seinen Augen auftaucht, sein eigenes ist und nicht das der Mama, als deren Teil sich das Kleine noch fühlt. Langsam beginnt die Trennung von Ich und Nicht-Ich, beginnt das Kind sich auch selbst zu entdecken.

Berührung ist die Grundlage unserer Existenz

Berühren ist eine menschliche Urerfahrung, die im Mutterleib beginnt. Bereits in der achten Schwangerschaftswoche kann der Fötus im Bauch der Mutter durch das Fruchtwasser, das seine Haut umspült, auf Berührungen reagieren. Dann fängt es irgendwann einmal an, gegen die Bauchdecke zu treten. Manchmal stärker, manchmal ganz sanft klopft es an, will kommunizieren, und wir als Eltern nehmen gerne die Einladung an. Auch ich habe über den Tastsinn erstmalig Kontakt mit meinen drei Sprösslingen aufgenommen. Ich legte meine Hand auf den Bauch meiner Frau, und die Kleinen stießen sanft bis manchmal stärker dagegen. Das waren unbeschreiblich schöne Gefühle, an die ich mich noch heute, nach doch einigen Jahren, die vergangen sind, immer wieder gern erinnere. Diese Art von »Erstkontakt« vergisst man nicht so leicht. Solche besonderen Augenblicke und die ersten Tage, Wochen und Monate nach der Geburt sollte man genießen, weil sie einfach nie mehr wiederkommen.

Im Gegensatz zu den anderen vier Sinnen, deren Funktion mit den Jahren abnimmt, bleibt der Tastsinn bis ins hohe Lebensalter ohne größere Einbußen erhalten. Er erlischt erst, wenn wir sterben.

Bis dahin erfüllt der Tastsinn lebenswichtige Funktionen. Ohne ihn könnten wir beispielsweise unsere Bewegungen nicht kontrollieren und den Boden unter unseren Füßen nicht spüren. Er hilft aber auch, uns seelisch gesund zu halten, und schützt uns – bis zu einem gewissen Grad – vor seelischen Krankheiten wie Depression oder Burn-out. Trotzdem messen wir ihm kaum Bedeutung bei und tragen damit selbst einen Teil der Schuld daran, dass dem Tastsinn ein viel zu geringer Stellenwert zukommt. Obwohl wir auf angenehme Berührungen angewiesen sind und sie uns extrem gut tun, strengen wir uns wenig an, sie zu bekommen. Abgesehen von sexueller Erregung, lassen wir unseren Hautsinn verkümmern.

Die anderen vier Sinne werden regelmäßig bedient. Wenn wir in der Früh die Augen aufschlagen, schalten wir den Sehsinn ein. Wir laben uns an der Morgensonne, die die Stadt in verheißungsvolles Licht taucht, und lassen uns von beschwingter Musik in den Tag geleiten. Der Kaffee duftet verführerisch aus der Küche, dazu verzehren wir eine Semmel mit hausgemachter Marmelade, die wir Biss für Biss genießen. Wir sehen, hören, riechen und schmecken den ganzen Tag. Stimmt etwas nicht mit einem dieser Sinne, unternehmen wir schleunigst etwas dagegen. Verschwimmen die Konturen in der Ferne, lassen wir uns eine Brille verschreiben. Nehmen wir den betörenden Rosenduft aus Nachbars Garten nicht mehr wahr, rennen wir in die Apotheke, um den Schnupfen zu bekämpfen, der auch noch unsere Geschmacksnerven lahmgelegt hat. Ist uns beim Duschen Wasser ins Ohr geraten, sind wir höchst irritiert und schütteln so lange den Kopf, bis es endlich »plopp« macht und der Gehörgang wieder frei ist.

Wir fühlen uns nur wohl, wenn wir diese vier Sinne stetig nähren. Zudem sind wir ständig von Reizen für diese vier Sinnesorgane umgeben, wir brauchen uns nur zu bedienen. Bei Berührungen ist das anders. Der Zusammenhang zwischen Berührung und Lebensglück wird in unserer Gesellschaft in den Hintergrund gedrängt. Wir wissen nicht genau, was geschieht, wenn unsere Haut keine oder zu wenig Berührungen erhält. Wenn wir lange Zeit nicht umarmt werden oder unsere Hand keine andere hält, wird uns das vielleicht nicht einmal richtig bewusst.

Berührungslosigkeit ist schwer zu erkennen, und auch die Verbindung zwischen Gesundheit und Berührung ist verhältnismäßig wenig erforscht. Eine der raren wissenschaftlichen Bücher zu dem Thema stammt aus dem Jahr 1971. Damals veröffentlichte der Anthropologe Ashley Montagu sein vor allem auf Tierexperimenten basierendes Standardwerk *Körperkontakt,* in dem er den Einfluss von Berührungsreizen auf unseren Körper und unsere Psyche wissenschaftlich belegt. Er kommt zu dem Schluss, dass Berührungen, die Geborgenheit und soziale Unterstützung vermitteln, lebenswichtig für die psychomotorische Entwicklung des Kindes sind – fast ebenso wichtig wie Nahrung oder Atemluft.

Kinder haben einen sehr natürlichen Zugang zu Berührungen. Sie fordern sie vehement ein, wenn sie ein Bedürfnis danach haben. Sie kommen kuscheln, legen sich zu den Eltern ins Ehebett oder springen ihnen mit einem Buch zum Vorlesen auf den Schoß. Gesunde Kinder sind frei von emotionalen Hemmschwellen, das lässt sich täglich auf jedem beliebigen Spielplatz beobachten. Kinder nützen jeglichen Körperkontakt für ihre persönliche Entwicklung. Mit zunehmendem Alter wird ihr Verhalten allerdings defensiver, allmählich entsteht eine Scheu vor anderen. Diese Scheu und das gleichzeitige Bedürfnis nach Berührung dokumentiert eine amerikanische Untersuchung aus den 1970er Jahren. Studenten verbrachten eine gewisse Zeit zuerst in einem dunklen und dann in einem hell erleuchteten Raum mit fremden Menschen. Die Dunkelheit bewirkte, dass mehr als 90 Prozent von ihnen Körperkontakt mit anderen hatten, und zwar nicht nur dann, wenn sie versehentlich aneinanderstießen. Im hellen Raum fand keinerlei Körperkontakt statt. Nur im Schutz der Dunkelheit konnten die Probanden sich einigermaßen der sozialen Zwangsjacken entledigen, die sie seit ihrer Kindheit allmählich übergestreift hatten.

Bei uns Erwachsenen sind die natürlichen Impulse, mit denen sich Kinder Berührungen holen, endgültig verkümmert. Zu den gesellschaftlichen Zwängen kommen Stolz und Schamgefühle, angestaute Frustrationen bilden scheinbar unüberwindbare Blockaden. All das verhindert, dass wir Lebensenergie in Form von Hautkontakt tanken. Dass wir über Berührungen die Einsamkeit, die uns manchmal überfällt, überwinden. Dass wir über Berührungen zu innerer Ruhe finden. Dass Berührungen unsere Ängste lindern, die in unserer zivilisierten Gesellschaft immer mehr zunehmen.

Die Hierarchie der Sinne

Zur Benachteiligung des Tastsinns trägt auch bei, dass Eindrücke des Sehens, Hörens, Riechens oder Schmeckens unsere Wahrnehmung der Welt viel stärker prägen als Berührungserlebnisse. Sogar unser Gehirn spielt uns einen Streich. Konfrontiert mit zwei Sinneseindrücken, die einander ausschließen, vertraut unser Kopf zuerst den anderen Sinnen, allen voran dem Sehen. Es ist ein Phänomen, das wir alle kennen: Wir sitzen im Zug und warten auf die Abfahrt. Sehen wir dem Zug am Nebengleis zu, der sich in Bewegung setzt und langsam den Bahnhof verlässt, haben wir das Gefühl, selbst zu fahren, obwohl wir weder ein Ruckeln, noch ein Rattern, noch die Kraft der Beschleunigung spüren können. Der Sehsinn hat das Gehirn davon überzeugt, dass wir unterwegs sind. Ähnliches passiert uns auch in modernen Kinos, wenn uns die ungewohnte 3D-Ansicht ins Geschehen zieht. Uns wird sogar schlecht, wenn der Hubschrauber auf der Leinwand allzu heftige Kurven fliegt. Obwohl wir fest im Sessel sitzen.

Matthew Botvinick von der Universität in Pittsburgh hat das untersucht. Er ließ Probanden an einem Tisch Platz nehmen. Sie legten ihren linken Arm darauf ab, konnten ihn aber nicht sehen, da er durch eine Abschirmung verdeckt wurde. Zu Gesicht bekamen sie lediglich eine Armattrappe aus Gummi, auf die sie sich konzentrieren sollten. Dann strich der Versuchsleiter mit zwei Malerpinseln gleichzeitig über die verdeckte Hand sowie die Attrappe.

Nach zehn Minuten gaben die meisten Probanden an, sie hätten den Pinsel nicht auf ihrer eigenen, sondern auf der Gummihand gespürt, die ihnen dabei vorgekommen war, wie ein Teil des eigenen Körpers. Das tatsächlich gefühlte Pinseln wurde also uminterpretiert, als ob es von der sichtbaren Hand käme. Dieses auf den ersten Blick schräge Zusammenspiel der Sinne, ergibt aber durchaus einen Sinn. Wir können damit unser Körperschema jederzeit erweitern. Wir können den Gedanken vollständig verinnerlichen, dass ein Gegenstand zu uns gehört, und diesen dann beinahe genauso fühlen wie unsere eigene Hand. Der Tischler fühlt den Hammer ebenso als verlängerte Finger wie der Geigenvirtuose den Bogen und die Saiten. Halten wir ein vertrautes Werkzeug in der Hand, hebt das Gehirn die strikte Trennung zwischen Ich und Nicht-Ich für diesen Moment auf, etwa um die Treffsicherheit beim Hämmern zu erhöhen oder die Töne sauber erklingen zu lassen.

Einige wenige Menschen können sogar noch mehr. Sie können das Gefühl der Berührung einzig und allein durchs Zusehen entwickeln. Man nennt sie Synästhetiker. Das Wort Synästhesie setzt sich aus dem Begriff »syn« für »zusammen« und »aisthesis« für »Wahrnehmung, Empfindung« zusammen. Es ist eine Form der Doppelempfindung, in der ein Sinnesreiz neben der primären Empfindung auch einen anderen Sinnesreiz aktiviert und damit eine sekundäre Wahrnehmung hervorruft. Theoretisch sind alle Kombinationen zwischen den fünf klassischen Sinnen möglich. Bekannte Synästhetiker der Vergangenheit waren etwa die Komponisten Franz Liszt und Jean Sibelius oder der Maler Wassily Kandinsky. Der legendäre Jazztrompeter Duke Ellington war wahrscheinlich ebenfalls Synästhetiker. Er soll einmal gesagt haben: »Ich hörte eine Note von einem Bandmitglied, und es war eine Farbe. Ich hörte die gleiche Note von jemand anders, und es war eine andere Farbe.«

Geschätzte 4 Prozent der Menschheit sind Synästhetiker, besonders häufig betrifft es Künstler. Eine Gruppe davon, die taktilen Synästhetiker, spüren es selbst auf der Haut, wenn sie anderen zusehen, wie sie berührt werden. Wenn ein solcher Synästhetiker zum Beispiel einen James-Bond-Film betrachtet, in dem eine Spinne über die Brust von 007 krabbelt, nimmt er diesen taktilen Reiz auch an seinem Körper wahr. Das geht so weit, dass seine eigene Wahrnehmungsfähigkeit leidet. Wird ein taktiler Synästhetiker am Unterarm angefasst und beobachtet dabei gleichzeitig, wie jemand anderem auf den Oberarm gegriffen wird, kann er nicht mehr sagen, wo er tatsächlich berührt wird. Die synästhetische Empfindung wird wahrscheinlich vererbt und bleibt ein Leben lang bestehen.

Hier spielen Spiegelneurone eine wichtige Rolle. Sie sind für das Imitieren und Erleben fremder Aktionen und Gefühle verantwortlich, indem sie das Verhalten anderer im eigenen Kopf sozusagen »spiegeln«. Alle Menschen besitzen solche Neurone, sonst wären sie nicht zur Empathie fähig. Empathie bedeutet, sich in die Lage eines anderen Menschen versetzen zu können, nachempfinden zu können, was er fühlt. Das läuft bei den meisten Menschen über die Emotionszentren im Gehirn. Bei taktilen Synästhetikern jedoch wird zusätzlich die somatosensorische Hirnrinde angeregt, wo Berührungen reell wahrgenommen werden. Bei Synästhetikern setzt das Gehirn offensichtlich die Spiegelsignale mit Reizen tatsächlicher Berührungen gleich, so dass es zu »echter« Wahrnehmung kommt.

Wer nicht zu den taktilen Synästhetikern zählt, kann sich damit trösten, dass es wahrscheinlich rein durch die Kraft der Gedanken, durch intensive Konzentration oder Meditation möglich ist, angenehme Berührungen so stark zu imaginieren, dass man sie tatsächlich spüren kann.

Drei feine Unterschiede

Von unseren fünf Sinnen ist der Berührungssinn der unmittelbarste, es ist der Sinn der Nähe. Wir können vom Tal aus einen schneebedeckten Gipfel sehen, wir können die frisch gemähten Wiesen am Berghang riechen, aber wir können den Baum nicht anfassen, der weiter als eine Armlänge von uns entfernt steht. Dafür können wir uns immer sicher sein, dass das, was wir angreifen, real ist, wohingegen uns unser Sehsinn auch täuschen kann, etwa bei einer Fata Morgana.

Von unseren fünf Sinnen ist der Tastsinn außerdem der einzige, der ausnahmslos in beide Richtungen funktioniert. Wir können gesehen werden, ohne zu sehen und gerochen werden, ohne zu riechen, doch wir können niemals berührt werden, ohne selbst zu spüren. Wir nehmen unsere Umwelt durch den Tastsinn wahr und sie uns. Über den Körperkontakt mit einem anderen Menschen spüren wir uns und den, der uns berührt. Die Berührung löst eine äußere und eine innere Wahrnehmung aus, wir sprechen daher auch von taktilen und haptischen Erfahrungen. Spüren wir die Berührung eines anderen Menschen oder auch eines Luftzugs, empfangen wir taktile Reize auf unserem Körper. Ertasten wir hingegen etwas mit den Händen, stellen fest, wie sich etwas anfühlt, machen wir haptische Erfahrungen. Beide Sinneseindrücke sind aneinander gekoppelt. In dem Augenblick, in dem eine Berührung stattfindet, nehmen wir das Selbst und das Andere mit all den dazugehörenden Emotionen wahr. Als Kinder haben wir das gebraucht, um eine Vorstellung von uns selbst zu entwickeln. Als Erwachsene brauchen wir es, um diese Vorstellung zu bewahren.

Zudem ist der Tastsinn immer präsent. Er lässt sich nicht wie die anderen vier Sinne ausschalten. Wir fühlen immer.

Der Tastsinn unterscheidet sich also grundlegend von den anderen Sinnen. Überraschenderweise hat die Wissenschaft ihm bis vor ein paar Jahren kaum Aufmerksamkeit geschenkt.

Ich habe viele Jahre lang an der Akademie für Physiotherapie im Wiener Wilhelminenspital unterrichtet. Einmal pro Woche dozierte ich dort vor etwa dreißig Studentinnen und Studenten über die Physiologie des Menschen. Die Physiologie behandelt die Funktionen der Organsysteme, ist ein recht umfangreiches Fach und stellt die Grundlage für die Pharmakologie und alle klinischen Fächer der Medizin dar. Da mir nur eine begrenzte Anzahl an Vorlesungsstunden zur Verfügung stand, musste ich Prioritäten setzen. Zudem sollte sich ein Universitätslehrer immer die Relevanz des Stoffs für das spätere Berufsleben der Studierenden überlegen. Für einen Medizinstudenten ist es zum Beispiel viel wichtiger, etwas über den Wirkungsmechanismus von Aspirin in der Vorbeugung von Thrombosen zu erfahren, als stundenlang mit einem sehr seltenen Syndrom gequält zu werden, das ihm im Berufsleben mit der gleichen Wahrscheinlichkeit begegnen wird wie einem Lottospieler ein Sechser.

Angehende Physiotherapeuten hingegen müssen weniger über die Funktionen des Blutes oder über den Säure-Basen-Haushalt wissen als über die Muskulatur und die Sensibilität. Der Job von Physiotherapeuten besteht darin, zu bewegen und zu berühren. Darin brauchen sie umfangreiche Kenntnisse. Vor meiner ersten Vorlesung beschloss ich deshalb, viel Zeit für diese Themenbereiche zu reservieren. Ich bereitete meine Folien dementsprechend vor und exzerpierte die gängigsten Lehrbücher der Physiologie. Beim Thema Muskulatur konnte ich dabei aus dem Vollen schöpfen. Über den Tastsinn hingegen fand ich nicht einmal ein Zehntel jenes Stoffes, der zum Beispiel dem Sehsinn gewidmet war. Ein Beleg dafür, wie stiefmütterlich wir den Tastsinn auch in der Wissenschaft behandeln.

Obwohl der Forscher J. Lionel bereits 1921 darauf hingewiesen hat, dass die wesentlichste Sinnesempfindung unseres Körpers die Berührung ist, vernachlässigen wir die Hautsensibilität sträflich –

und das nicht erst seit Beginn des technischen Zeitalters. Die Wurzeln für unseren Mangel an Interesse reichen bis in die Antike zurück. In der klassischen Philosophie hatte die Erforschung des Sehens von Beginn an absoluten Vorrang gegenüber der der anderen Sinne. Platon stellte in seinem Höhlengleichnis die visuelle Wahrnehmung und ihre Verbindung zur Seele ins Zentrum seiner Überlegungen. Obwohl der Sehsinn ein Abstandssinn ist, hat er die Menschen seit jeher am stärksten fasziniert.

Zum Nachteil wird dem Tastsinn auch, dass seine Erforschung relativ komplex ist. Dies deshalb, weil es viele verschiedene Arten der mechanischen Reizung und zahlreiche Einflussfaktoren gibt. Qualität, Intensität, Dynamik, Dauer und auch die Geschwindigkeit des Reizes spielen eine Rolle. Das alles erschwert eine Standardisierung. Dank einiger neuer Forschungsansätze beginnen wir zwar allmählich, den völlig vernachlässigten Tastsinn bewusst wahrzunehmen und darüber zu reden, doch Forschung braucht Geld, und das kommt in der Medizin unter anderem auch von der Pharmaindustrie. Die hat aber kein sonderliches Interesse am Tastsinn. Denn Berührungen bringen ihr keinen Profit. Die Pharmaindustrie macht ihre Umsätze dort, wo Medikamente in großem Stil verschrieben werden können. Mit der mechanischen Sensibilität der Haut kann sie dabei eher wenig anfangen. Es gibt keine Salben, die angenehme Gefühle hervorrufen, und es gibt nur sehr selten krankhafte Störungen des Tastsinns, für die neue Medikamente entwickelt werden können. Die Berührungslosigkeit, an der viele von uns leiden, ist keine Krankheit gegen die man eine Pille verschreiben könnte.

2 Die Macht der Berührung

Unlängst ging ich in das Blumengeschäft in dem kleinen Ort, in dem ich aufgewachsen bin. Ich bat den Verkäufer, mir einen Strauß Blumen zu binden, den ich meiner Mutter mitbringen wollte, als die Chefin aus ihrem Kämmerchen trat. Wir sahen uns an und erkannten uns augenblicklich wieder. In einem fernen Sommer meiner Jugend hatte ich sie angebetet. Ihrem jetzigen Lächeln nach zu urteilen, hätte damals etwas aus uns werden können, hätte sich bloß einer getraut. Wir wechselten ein paar belanglose Worte und hätten doch so viel sagen wollen, aber es war weder Zeit noch Raum in diesem winzigen Laden. Seit jenem Sommer waren mehr als dreißig Jahre vergangen, und die Erinnerungen schienen vergilbt wie die Fotos von damals. Am Weg zur Tür ging sie dicht an mir vorbei und strich mir, völlig unerwartet, mit einer simplen Geste kurz über den Unterarm, und es war, als ob sie einen Schalter betätigt hätte. Plötzlich war der Sommer wieder so präsent, dass ich den Chlorgeruch des Freibads in der Nase hatte, das kurz geschnittene Gras auf den Fußsohlen spürte und mir das Leiern der Musikkassetten im Ohr klang. Ich war dort.

Diese Geschichte hat mir Anita Ericson, die dankenswerterweise fleißig an diesem Buch mitgearbeitet hat, erzählt. Berührungen können Erinnerungen auslösen, Zugang zu versteckten Bereichen unserer Seele schaffen. Dieses Phänomen nennt man Körpererinnerungen. Sie reichen viel weiter zurück als unsere bewussten Erinnerungen. Versuchen Sie einmal, sich ihre früheste Erinnerung ins Gedächtnis zu rufen. Möglicherweise handelt es sich um einen Moment aus ihrem sechsten, fünften oder sogar vierten Lebensjahr. Es sind meist einschneidende Erlebnisse aus unserer Kindheit, die wir präsent haben, Tausende kleinere Begebenheiten scheinen indes für immer vergessen. Gespeichert bleiben sie allerdings in feinen Details: als Körpererinnerungen, die schon im Bauch der Mutter beginnen. Sie sind im Hippocampus lokalisiert, einer der ältesten Strukturen unseres Gehirns. Bekommt man nun unerwartet Zugang zu diesen Erinnerungen, etwa über eine bestimmte Berührung, verdichten sie sich wieder zu einem ganzen Bild, zu einer kompletten Erfahrung.

Berührungen sind so mächtig, weil sie an den Bereichen unserer Seele rühren können, zu denen wir sonst kaum Zugang finden. Da uns das meist nicht bewusst ist, treffen uns die durch eine Berührung hervorgerufenen Gefühle oft völlig überraschend und mit voller Wucht. Sie versetzen uns für einen Moment in eine vergessen geglaubte Situation.

Umso erstaunlicher ist es, dass ausgerechnet in der Psychoanalyse, bei der wir in unserer Vergangenheit stöbern, die Trennung von Körper und Geist so rigide ist. In der klassischen Konstellation liegt oder sitzt der Patient und spricht, der Therapeut sitzt vor oder hinter ihm und hört zu. Berührungen sind absolut tabu. Der Patient ist gekommen, weil er Heilung für seine verletzte Seele sucht, und doch sind selbst die einfachsten Gesten verboten. Wir kennen alle die ungeheure Kraft, die von einer innigen Umarmung ausgeht, besonders in Momenten tiefer Trauer, schweren Kummers oder purer Verzweiflung. In der Sekunde, in der sich liebevolle Arme um uns legen, werden wir wieder zum kleinen Kind, das Trost im Schoß seiner Mutter sucht. Unsere letzten Dämme brechen, und wir empfinden tief aus unserem Innersten heraus.

Das ist selten angenehm, aber der erste und unumgängliche Schritt zur Heilung.

Sigmund Freud, der Begründer der Psychoanalyse, wusste das ganz genau. Anfangs setzte er deshalb Berührungen bewusst zu Therapiezwecken ein, etwa indem er seine Patienten massierte. Doch damals, als die Forschung auf diesem Gebiet noch in den Kinderschuhen steckte, entwickelten die Sitzungen oft eine unerwünschte Eigendynamik. Es entwickelten sich Liebesbeziehungen zwischen Arzt und Patienten. Das veranlasste Freud dazu, ein Berührungstabu zu verhängen, das bis heute gilt.

Allerdings wandelt nicht jeder, der sich beruflich mit der Seele befasst, auf Freuds Spuren. Es gibt therapeutische Richtungen, die Berührungen als machtvolles Instrument einsetzen. Dr. Regina Hochmair etwa ist Körperpsychotherapeutin. Im Rahmen der Funktionalen Analyse wendet sie zum Beispiel die Points-&-Positions-Technik an, in der sie bestimmte Punkte am Körper mit sanftem Druck stimuliert. Diese Stimulierung ermöglicht es, Körpererinnerungen hervorzurufen und somit den Grundbaustein für die Behandlung zu legen. Sie erklärt den Unterschied ihrer berührungsbetonten Arbeit zum Freud'schen Ansatz so: »Dadurch nähere ich mich den relevanten Themen schneller an, denn über die Berührung wird der Widerstand, der sich im Gespräch nur allmählich überwinden lässt, erst gar nicht hervorgerufen. Biete ich außerdem dabei Halt auf psychischer und physischer Ebene, erlebt der Patient, dass jemand für ihn da ist. Lange Zurückliegendes kann dann von Grund auf betrachtet und in Folge losgelassen werden. Besonders archaisch wird es erlebt, wenn ich den Füßen Halt gebe, indem ich ihnen Widerstand entgegensetze, der die Gefühle deutlich akkumuliert. Die Spannung wird verstärkt und das Befreien beschleunigt. Das ist die erste Form des Grounding, des Erdens, die wir kennen, weil wir es schon im Mutterleib erfahren haben, indem wir selbst mit unseren Füßchen gegen den Bauch gedrückt haben.«

Je nachdem, was der Patient braucht, legt sie einfach nur die Hand auf, bietet bei heftigen Gefühlsausbrüchen einen Arm zum Festhalten oder gibt allumfassenden Halt: »In der sogenannten Embryostellung halte ich Rücken und Steißbein. Oft gibt es für den Patienten völlig überraschende Tränen, die tiefe Erleichterung bringen und nicht nur oberflächlich abgeweint werden. Biete ich dabei Halt, erlebt der Patient, dass jemand für ihn da ist.«

Bezüglich Psychotherapie möchte ich Ihnen ein eigenes Erlebnis erzählen. Wie wahrscheinlich bei vielen anderen Paaren auch, die lange Jahre zusammen sind, hatte auch meine Ehe Tiefphasen. Das Leben besteht eben nicht nur aus glücklichen Momenten, die insbesondere in der Werbung idealisiert dargestellt werden, etwa ein händchenhaltendes, breit grinsendes Paar, das durch ein Sonnenblumenfeld tanzt. Nein, manchmal entstehen aus dem Nichts oder sammeln sich eher unterschwellig Probleme in der Beziehung an. Oft können die Probleme in einem oder mehreren Gesprächen gelöst werden, manchmal aber funktioniert das nicht wunschgemäß, so dass, sofern man sich liebt, besser professionelle Hilfe angesagt ist. So war es auch vor ein paar Jahren bei meiner Frau und mir, so dass wir nach einer schwierigen Phase psychotherapeutische Unterstützung in Anspruch genommen haben. Meine Frau ist Ärztin und selbst Psychotherapeutin, die nicht nur die klassische psychotherapeutische Ausbildung absolviert hat, sondern auch Imago-Therapeutin ist. In der Imago-Paartherapie ist das wichtigste Instrument der Dialog, wobei immer nur einer spricht und der andere aktiv zuhört, zu verstehen versucht (»spiegeln«) und wertfrei bleibt. Dadurch kann mehr Verständnis und Akzeptanz aufgebaut werden.

Ich kann mich noch an einen unserer ersten Termine beim Imago-Therapeuten erinnern. Wir hatten uns kurz vorher gestritten, und ich hatte absolut keine Lust zur Therapie zu gehen, eher wollte ich mich im Arbeitszimmer verkriechen und in Ruhe gelassen werden. Meine Frau konnte mich aber überreden, und kurze Zeit später saßen wir uns dann beim Therapeuten gegenüber, um die Sache anzugehen. Als erstes bat uns der Therapeut die Sessel näher zu rücken, um in Körperkontakt zu treten. Da ich noch wütend auf sie war, näherte ich mich nur sehr zögernd, und es kostete mich eine gehörige Überwindungskraft, auf Tuchfühlung zu gehen. Aber dann, als sich unsere Knie sanft berührten, war auf einmal alles anders. Der ganze Grant und die Angespanntheit verflüchtigten sich, ohne dass wir ein einziges Wort ausgetauscht hatten. Die besänftigende Macht der Berührung hatte mich ergriffen, und die negative Energie hatte sich im Nu verflüchtigt.

Viele Paare verwenden viel Kraft dafür, um über die Jahre eine Mauer um sich zu errichten, eine Mauer, die verhindert, dass sie wohltuende Berührungen erhalten. Wenn sie sich trauen würden, ihre Sturheit über Bord zu werfen und über ihren eigenen Schatten zu springen, um den jahrelang angestauten Wall aus Wut und Frust niederzureißen, würden sie spüren, wie unglaublich gut das tut, wieder Körperkontakt zu bekommen. Natürlich ist das nach vielen Jahren nicht einfach, aber einen Versuch ist es allemal wert.

Massage gegen Kummer

Die Körpererinnerungen sind aber nur eine Ebene, auf der Berührungen wahre Wunder bewirken. Mindestens genauso mächtig sind sie auf metaphysischer Ebene. Dr. Hochmair: »Durch die Berührungen lenke ich die Aufmerksamkeit meiner Patienten in den Körper und gebe damit den Gefühlen mehr Ausdrucksraum. Denn eines ist klar: Körper und Seele sind eine Einheit. Die mächtigen und belastenden Gefühle sitzen oft tief im Körper. Der Mensch hat gelernt, sie zu regulieren, indem er auch körperlich dagegen hält.

Helfe ich jedoch dem Patienten, seinen Körper zu spüren, statt ›nur‹ über die Gefühle zu reden, werden diese erlebbar – in einer neuen Erfahrung oder in einer Art Déjà-vu.« Massagen bringen blockierte Lebensenergie wieder ins Fließen und erzeugen Reaktionen auf muskulärer Ebene. Dabei werden oft auch Emotionen und verborgene Inhalte ans Tageslicht gespült. Im Gegensatz zum Angebot im Wellnesscenter lässt ein Therapeut den Patienten damit aber nicht allein, sondern setzt hier mit der Behandlung an.

Dass eine einfache Massage tatsächlich seelische Probleme an die Oberfläche bringen kann, bestätigt Klaus Gisinger, der seit siebzehn Jahren Shiatsu-Praktiker ist: »Ich würde meine Massage zwar nicht als ›einfach‹ bezeichnen, aber im Grunde genommen stimmt die Aussage. Über körperliche Berührungen löse ich Emotionen aus, die sich im Körper quasi versteckt haben. Löse ich die physische Blockade, öffnen sich dem Kunden die Augen für seine psychischen Probleme, die er in den Verspannungen vor sich selbst verschlossen gehalten hat.« Gisinger bekommt den Beweis dafür tagtäglich in seiner Arbeit geliefert: »Meine Mitarbeiter und ich werden von großen Firmen für ihre Angestellten gebucht. Dort werden wir dann oft zu Seelenklempnern. Beim Massieren werden uns die intimsten Dinge anvertraut, geschäftlicher wie privater Natur. Früher ging man zum Friseur, um ihm das Herz auszuschütten, heute übernehmen wir die Funktion des geduldigen Zuhörers. Vor allem wenn ich Klienten behandle, die privat kommen und damit auch mehr Zeit bei mir verbringen, geht das bis hin zu echten Gefühlsausbrüchen, die sich viele Kunden wohl nicht einmal vor ihrem Psychotherapeuten leisten.«

Berührung weckt Lebensenergie

Um das zu verstehen, müssen wir den Gedanken verinnerlichen, dass Körper und Geist in der Tat eine Einheit sind. Lassen Sie mich das anhand einer kurzen Geschichte illustrieren: Vor vielen Jahren suchte eine gute Bekannte von Anita Ericson nach einem Grundstück. Endlich hatte sie eines gefunden, das sie gerne kaufen wollte, der Preis lag gerade am Limit dessen, was ihr zur Verfügung stand. Allerdings hätten sie die Neben- und Erschließungskosten in Bedrängnis gebracht, von den Kosten für das Haus, das erst noch gebaut werden musste, ganz zu schweigen. Sie wog also Für und Wider Hunderte Male ab, vorwiegend nachts im Bett. Bevor sie den Kaufvertrag unterschreiben konnte, bekam sie eine fürchterliche Gastritis. Sie konnte sich das zuerst gar nicht erklären, weil sie immer einen sehr robusten Magen gehabt hatte und doch auf einmal nichts mehr bei sich behalten konnte. Einen medizinischen Befund für ihre Beschwerden gab es nicht.

Ich gehe davon aus, dass der massive Stress, den der geplante Kauf verursacht hatte, ihr schlicht auf den Magen geschlagen war. Den Ausdruck, etwas schlage einem »auf den Magen«, gibt es nicht zu Unrecht. Dieses Phänomen nennt man psychosomatische Erkrankung. Man wird körperlich krank, obwohl es keine organische Ursache dafür gibt, der Auslöser ist seelischer Natur. Viele von uns erleben so eine Störung im Laufe ihres Lebens. Bei den meisten geht das vorbei, doch bei gut einem Fünftel entwickelt sich daraus ein chronisches Leiden. Das ist der beste Beweis dafür, dass Körper und Seele eine Einheit sind.

Natürlich lassen sich auch primär physische Probleme über Berührungen und Massagen behandeln. Im Grunde genommen macht es keinen Unterschied, was den Fluss unserer Lebensenergie stört. Tut Ihnen etwa der Nacken weh, kann das sowohl am ergonomisch schlecht ausgerichteten Arbeitsplatz liegen als auch am Chef, der dauernd Druck macht. Oft ist es auch eine Kombination aus beidem.

Wenn es darum geht, Lebensenergie wieder zum Fließen zu bringen, denken wir heute meist an Medizin aus östlichen oder südöstlichen Regionen, wo dieses Wissen über die Jahrhunderte kontinuierlich gepflegt wurde. Doch auch viele andere Kulturkreise bedienten und bedienen sich dieses Konzepts. Die afrikanischen Yoruba beispielsweise kennen eine universelle Lebensenergie, die allen Lebewesen und Gegenständen sowie allen immateriellen Geisterwesen innewohnt und die sie Ashé nennen. Auch im antiken Mittelmeerraum gab es die Idee einer Lebenskraft, die durch unsere Adern fließt und die man Pneuma nannte. Krankheiten wurden als Ausdruck eines im Fluss behinderten Pneumas gesehen. Erst später kam die Trennung von Körper und Psyche in unsere westliche Medizin.

Nur wenn wir die Idee der Lebensenergie verstehen, lässt sich erklären, warum alle darauf aufbauenden Methoden wie Points-&-Positions-, Fußreflexzonen- und Shiatsu-Massage sowie Akupunktur oder Akupressur so wirksam sind. Wir haben Dr. Eduard Tripp, Psychotherapeut und Shiatsu-Praktiker, um eine kurze, verständliche Erklärung gebeten: »Shiatsu kommt aus Japan und wurde dort auf Basis der Tuina-Massage aus der traditionellen chinesischen Medizin entwickelt. Im Fokus steht das Qi, wie man in Japan sagt. Es ist als strömende Lebenskraft beschrieben, die überall im gesamten Universum vorhanden ist und sich in allem Lebendigen in Form von Veränderung und Bewegung zeigt. Jeder Lebensvorgang ist Ausdruck des Wirkens des Qi. Ohne Qi gibt es keine Bewegung, keine Gedanken, keinen emotionalen Ausdruck und kein Leben. In unserem Körper zirkuliert diese Lebensenergie nach klaren Gesetzmäßigkeiten entlang von Energiekanälen, den Meridianen. Jedem Organ der chinesischen Medizinlehre sind Meridiane zugeordnet, die nicht nur das jeweilige

Organ widerspiegeln, sondern auch geistige, emotionale, soziale und existentielle Lebensdimensionen damit verknüpfen. So sind Spannungszustände wie Kopfschmerzen oder Migräne mit der Leber verbunden, Ängste wiederum mit der Niere, die außerdem mit dem Gedächtnis und der Willenskraft zusammenhängt. Es gibt zwölf Hauptmeridiane, die sowohl oberflächlich als auch in der Tiefe verlaufen. Aufgrund der Überlieferung wissen wir um die detaillierten Zuständigkeitsbereiche der Meridiane und auch, wo wir sie an der Körperoberfläche besonders gut erreichen können.«

Da sind also die berühmten Punkte, die je nach Methode mit Nadeln oder sanftem Druck stimuliert werden. Man kann auch entlang ganzer Bahnen arbeiten. Der Weg ist zwar nicht immer egal, entscheidend ist jedoch das Ziel. Dr. Tripp: »Ist unser Energiefluss blockiert, führt dies zu Störungen in unserer Befindlichkeit und unserer Gesundheit. Die östliche Medizin spricht hier von einer Disbalance. Unsere Aufgabe ist es, die ins Ungleichgewicht geratenen Körpersysteme auszugleichen und den Organismus anzuregen, seine Funktionen wieder in vollem Umfang wahrzunehmen.«

Dies geschieht mithilfe von Berührungen. Beim Shiatsu werden die Energiekanäle und die in der Tiefe liegenden zugehörigen Energiestrukturen durch Druck mit Fingern, Händen, Ellbogen, Knien und Füßen, aber auch durch Dehnungen und sanfte Berührungen angeregt und ausgeglichen. Gewusst wie, lassen sich mit meridianbasierten Methoden vielfältige Ursachen beseitigen, die in körperlichen Symptomen zum Ausdruck kommen. Die Selbstheilungskräfte werden angeregt und führen zu einer Wiederherstellung des energetischen Gleichgewichts und zu innerer Balance. Besonders gute Ergebnisse erzielt man bei vielen psychosomatischen Krankheitsbildern, in der Regeneration und Rehabilitation nach Unfällen und Krankheiten sowie bei schulmedizinisch nicht belegbaren Schmerzzuständen. Wer also rechtzeitig zur Massage geht, kann energetische Disharmonien manchmal ausgleichen, noch bevor sie sich als Erkrankungen manifestieren.

Shiatsu als Burn-out-Prophylaxe

Konsequent weitergedacht heißt das, Berührungen können nicht nur auf seelische Blockaden zugreifen, sondern sie unter Umständen auch lösen. Schaffen wir es zur Massage, bevor der Körper ganz zumacht, können wir uns möglicherweise sogar den Psychiater/Psychotherapeuten sparen. Zumindest wäre das eine denkbare Schlussfolgerung. Shiatsu-Therapeut Klaus Gisinger zumindest geht nicht so weit. Tauchen seelische Probleme auf, die bis dato unentdeckt im Körper geschlummert haben, empfiehlt er seinen Patienten sehr wohl den Gang zum Psychotherapeuten.

Er erklärt seine Rolle ganz konkret: »Als Folge von Daueranspannung in Job und Freizeit sind die meisten Menschen heutzutage so verspannt, dass sie sich selbst nicht mehr spüren – im wahrsten Sinne des Wortes, aber auch im übertragenen Sinn, denn sie können ihre Probleme nicht mehr orten. Sie fühlen sich im Leben wie auf einem eiernden Rad, nichts läuft rund, und sie haben keine Ahnung, warum. Wenn sie nun nichts unternehmen, resultiert das in einem kapitalen Sturz, also einem seelischen Zusammenbruch, der unweigerlich im Krankenhaus endet. Hier komme ich als Shiatsu-Praktiker ins Spiel, noch bevor der Unfall passiert. Ich ›horche‹ mit meinen Händen auf die feinen Rückmeldungen, die vom Körper des Kunden kommen. So spüre ich die unrunden Stellen auf und bügle sie sozusagen aus. Mit Dehn- und Strecktechniken öffne ich den Körper und schaffe Raum. Weiters setze ich punktuelle Massagen an wichtigen Energiebahnen ein, zum

Beispiel am Nierenmeridian. Dieser bildet den Sitz der Ursprungsenergie, ohne deren Kraft wir direkt im Burn-out landen. Außerdem das Aufdehnen der Zwischenwirbelräume mit Daumen, Ellbogen und Knie, die am Blasenmeridian liegen, der bei zu viel Druck zusammenzieht. Summa summarum versetze ich meine Patienten in eine Tiefenentspannung, die viele Dauergestresste und Burn-out-Gefährdete gar nicht mehr kennen. Diese erreichen wir nämlich im Allgemeinen nur im Schlaf, und der ist bei solchen Problemen massiv gestört. Doch erst in der Tiefenentspannung kann der Mensch richtig loslassen und beginnen, wieder auf seine innere Stimme zu hören.«

Sind wir fröhlicher Stimmung, fühlen wir uns in unserem Körper wohl. Es tut uns nichts weh, wenn wir guter Laune sind. Ärgern wir uns jedoch im Job, zieht der Nacken. Fühlen wir uns im Schulterbereich verspannt, brechen wir einen Streit vom Zaun. Eigentlich sind uns diese Wechselwirkungen bestens bekannt, doch weil es so simpel ist, können wir es fast nicht glauben.

Kosmische Schwingungsmuster

Der Begriff Energie ist auch einer der ersten der fällt, spricht man mit einem Reiki-Meister. Jedoch begeben wir uns hier auf esoterisches Terrain. Der Reiki-Meister bringt zwar auch die Energie im Menschen zum Fließen, allerdings schöpft er dabei direkt aus einer kosmischen Quelle. Bei seiner Initiation werden seine Chakren oder Energiezentren angesprochen und mit Reiki, der universellen Lebensenergie, in Verbindung gebracht. Ist dieser Konnex einmal hergestellt, steht dem Reiki-Anwender die Energie dauerhaft zur Verfügung, die er bei seinen Behandlungen benötigt.

Diese Behandlungen bestehen aus einfachem Handauflegen. Jeweils vier Berührungspunkte in jeweils drei Körperzonen werden für jeweils fünf Minuten stimuliert. Der Reiki-Meister dient dabei lediglich als Mittler der kosmischen Energie, er muss sich nicht erst in den Körper des Patienten einfühlen und die verspannten oder blockierten Stellen finden, denn Reiki findet seinen Weg von ganz allein. Es spürt negative Energien im Körper auf und spiegelt sie, im Idealfall wird die negative Schwingung ganz zum Stillstand gebracht. Ähnlich wie bei zwei gleich starken Wellen, die sich, wie aus dem Physikunterricht bekannt, gegenseitig aufheben können.

Reiki in seiner heutigen Form ist eine Entdeckung aus den 1930er Jahre, die jedoch erst seit rund dreißig Jahren um die Welt geht. Dr. David Bolius hat es sich zum Ziel gesetzt, Reiki zu verbreiten. Er hat in Naturwissenschaft dissertiert und kann sich die Wirkungsweise auch nicht erklären. Eines aber weiß er: »Reiki funktioniert! Für das, was sich in den letzten vier Jahren bei mir getan hat, hat Reiki mir die notwendigen Kräfte gegeben. Im Endspurt meiner Dissertation machte mir die Arbeit plötzlich keine Freude mehr, und ich litt unter Symptomen von Depression, darunter extreme Müdigkeit, Antriebslosigkeit und Verdauungsprobleme. Eine längere Akupunkturbehandlung brachte Linderung, jedoch keinen wirklichen Durchbruch. Ich schloss die Arbeit ab und ging drei Monate auf Urlaub. Zu meinem Erstaunen traten die Symptome, die ich zu einem guten Teil den mühsamen Arbeitsbedingungen zugeschrieben hatte, auch im Urlaub auf. So begab ich mich auf die Suche nach einer Methode und stieß auf Reiki, das man nicht nur bei anderen, sondern auch bei sich selbst anwenden kann. Ich besuchte einen Vortrag und ging bei meinem ersten Reiki-Seminar durch die Initiation. Es folgten einige einschneidende Ereignisse. Meine wunderbare Tochter Anna kam zur Welt, wir übersiedelten zurück nach Österreich,

ich gab meine Wissenschaftskarriere auf und ging in die Selbstständigkeit. Ich weiß, dass Reiki wesentlich dazu beigetragen hat, dass ich den Mut zu diesen weitreichenden Entscheidungen gefunden habe.«

Reich mir deine Hand

Verweilen wir kurz auf den Spuren des Unerklärlichen. Eine Studie aus dem Wiener Wilhelminenspital lässt auf eindrucksvolle Weise vermuten, was jede archaische Kultur noch innehat: Handauflegen bringt Segen. Der Hintergrund der Studie war, dass ganzheitliche Therapieformen heute in der Krebsbehandlung ihren fixen Platz haben. Patienten klammern sich an jeden Strohhalm, und Handauflegen gehört zu den gefragteren Dienstleistungen. Viele Patienten vertrauen auf selbsternannte Heiler und sind bereit, unglaubliche Summen für eine Sitzung auszugeben. Nicht immer, das soll an dieser Stelle einmal deutlich gesagt werden, geraten sie dabei an vertrauenswürdige Menschen, leider.

Um die Wirksamkeit dieser Heilmethoden aber grundsätzlich wissenschaftlich zu überprüfen, luden nun die Ärzte einen Wunderheiler dazu ein, den Zustand von Kranken durch Handauflegen zu verbessern. Testpersonen waren Krebspatienten im fortgeschrittenen Stadium, die schulmedizinisch optimal betreut wurden.

Die Hälfte der Teilnehmer wurde von einem echten Wunderheiler behandelt, die andere Hälfte, die Placebo-Gruppe, von einem Schauspieler. Nach der Begrüßung wurde jedem Patienten von seinem Heiler die Hand aufgelegt, abwechselnd auf den Kopf, den Bauch oder die Schulter. Jeweils davor und danach beurteilten die Patienten ihren Allgemeinzustand anhand einer Wohlbefindlichkeitsskala.

Tatsächlich fühlten sich die Patienten entspannter und ruhiger. Schmerzen und depressive Verstimmungen ließen nach. Physikalische Parameter wie Blut oder Hormonwerte wurden bei der Studie nicht gemessen, es ging allein um das subjektive Wohlbefinden, das sich bei allen Patienten verbessert hatte, und zwar unabhängig davon, ob sie von dem Wunderheiler oder dem Schauspieler behandelt worden waren. Die eindeutig belegte positive Wirkung des Handauflegens beruht nicht auf irgendwelchen Heilkräften, sondern auf der menschlichen Zuwendung. Diesen Schluss zogen die Studienbetreiber aus ihrem Experiment, und hier eröffnet sich auch im Alltag ein unglaublich weites Feld. Wenn wir bei unseren zwischenmenschlichen Begegnungen wieder auf Berührungen achten, sie einfließen lassen und sie umgekehrt auch zulassen, fällt uns manches im Leben wesentlich leichter. Egal, ob wir mit unseren Kindern kuscheln, den Partner streicheln, Freunde, Familienmitglieder oder Bekannte umarmen – alles, was wir liebevoll geben, kommt direkt zu uns zurück. Diesem Aspekt ist das ganze nächste Kapitel gewidmet.

Berührung beruhigt

Der direkte Zusammenhang zwischen Berührungen und Wohlbefinden zeigt sich in vielen Lebenssituationen. Das beginnt schon im Säuglingsalter: Neugeborene werden in den ersten Lebenstagen in die Ferse gestochen, um Blut für ein genetisches Screening von verschiedenen Krankheiten abzunehmen. Durch die orale Gabe von Zucker können die Stichschmerzen reduziert werden. Zucker bewirkt eine Ausschüttung körpereigener Endorphine, die sowohl Glücksgefühle hervorrufen als auch die Schmerzweiterleitung hemmen. Anstelle von Zucker kann man allerdings auch Körperkontakt anwenden. Werden Babys während der Blutabnahme eng von ihren Müttern gehalten, schreien sie viel seltener, verziehen weniger ihr Gesicht und haben einen ruhigeren Herzschlag als Kinder, die während der Prozedur keinen Körperkontakt haben.

Ebenso hilft Körperkontakt gegen Aggressionen. Eine fünf- bis zehnminütige Massagetherapie pro Tag kann bei Kleinkindern, die aggressives Verhalten an den Tag legen, vorteilhafte Wirkung zeigen. Das wurde beispielsweise in einer schwedischen Studie über vier- und fünfjährige Kinder beschrieben, die eine hohe aggressive Neigung zeigten. Geschultes Personal massierte die Kinder gefühlvoll, beginnend am Rücken bis hin zu Händen, Armen und Nacken, wenn es dem Kind angenehm war. Der Kontrollgruppe wurde vorgelesen, oder sie hörte Musik. Dabei zeigte sich in der Massagegruppe eine signifikante Verbesserung des aggressiven Verhaltens, aber auch körperliche Probleme und soziales Verhalten wurden positiv beeinflusst. Kindergärtner wie auch Eltern bewerteten gleichermaßen die positive Wirkung. Die statistisch aussagekräftigen Effekte waren vor allem nach sechs Monaten zu sehen. Zwar nahm auch in der Kontrollgruppe das aggressive Verhalten der Kinder ab, jedoch nicht so auffallend wie in der Massagegruppe. Das zeigt allerdings, dass Aufmerksamkeit ebenfalls einen wesentlichen Einfluss auf das soziale Verhalten hat. In einer weiteren Untersuchung der Berührungsforscherin Tiffany Field konnte gezeigt werden, dass eine Massagetherapie, die zweimal pro Woche für jeweils zwanzig Minuten über insgesamt fünf Wochen bei aggressiven Jugendlichen angewendet wurde, zu einer deutlichen Besserung ihres feindlichen Verhaltens führte. Die Versuchspersonen wurden außerdem von ihren Eltern als weniger aggressiv eingestuft.

In einer anderen Studie kam Field zu dem Schluss, dass Massagen einen positiven Einfluss auf Schüler mit Aufmerksamkeitsdefizit/Hyperaktivitätssyndrom, kurz ADHS haben. ADHS ist einerseits durch Störungen im Wahrnehmungsbereich gekennzeichnet wie zum Beispiel leichte Ablenkbarkeit, mangelndes Durchhaltevermögen oder Vergesslichkeit. Andererseits zeigt sie sich im Sozialisationsbereich, denn diese Patienten handeln oft impulsiv, ohne nachzudenken, viele haben Schwierigkeiten, sich an Pläne zu halten oder sich selbst zu organisieren. ADHS manifestiert sich außerdem in Störungen des motorischen Verhaltens, zum Beispiel durch stete Unruhe oder Ungeschicklichkeit in der Grob- und Feinmotorik. Nach derzeitigem Stand der Wissenschaft ist ADHS nicht heil-, aber behandelbar. Hier sind neben Medikamenten insbesondere auch pädagogische, aber ebenso psychotherapeutische und diätetische Maßnahmen im Einsatz.

Ebenso können Massagen helfen. In einer Untersuchung von Tiffany Field wurden dreißig Schüler im Alter zwischen sieben und achtzehn Jahren insgesamt zweimal pro Woche mit je zwanzigminütigen Massagen behandelt. Nach einem Monat zeigte sich eine positive Wirkung auf die Symptomatik der Erkrankung, die im Vergleich mit der Kontrollgruppe, die keine Massagen erhielt, deutlich auffiel. Die Stimmung der massierten Kinder und ihr Verhalten in der Klasse wurden durch die taktile Intervention eindeutig verbessert.

Unter der Haut

Völlig fremd ist das Thema Berührung aber natürlich auch der Schulmedizin nicht. Beginnen wir mit der Haut, also dort, wo jede Berührung ankommt. Die Oberhaut jedes Menschen ist an den dünnsten Stellen etwa 0,05 Millimeter dick. An besonders exponierten Stellen wie den Handinnenflächen oder Fußsohlen weist die Haut eine Dicke von bis zu zwei Millimetern auf. Die Haut umhüllt den ganzen Körper mit einer Oberfläche von etwa 1,5 bis 1, Quadratmetern und ist somit das größte Organ des Menschen. Im Schnitt wiegt die Haut einschließlich des Unterhautfettgewebes zehn bis fünfzehn Kilogramm.

Die äußere Haut besteht aus drei Hauptschichten. An der Oberfläche befindet sich die *Epidermis* oder Oberhaut. Sie zeigt je nach Lokalisation eine variable Dicke und schützt die darunter liegende *Dermis* oder Lederhaut. Diese besteht aus Bindegewebe, welches die Epidermis verankert und ernährt. Unter der Dermis befindet sich die *Subcutis*, die Unterhaut, welche gut durchblutet ist und das Fettgewebe enthält.

In den verschiedenen Hautschichten eingelagert, finden sich Sensoren, über die verschiedenste Arten von Reizen aufgenommen und über Nervenfasern in Richtung Rückenmark und Gehirn weitergeleitet werden. Die Sensoren, die als Berührungs- und Bewegungsmelder agieren, nennt man Mechanosensoren. Daneben und dazwischen befinden sich außerdem freie Nervenendigungen beziehungsweise viele spezialisierte Sensoren, die für Schmerz und Temperaturreize zuständig sind.

Die Mechanosensoren registrieren sämtliche Reize, die von eintreffenden und ausgehenden Berührungen induziert werden, sowie alle bewegungsbedingten Veränderungen von Muskeln oder Gelenken. Die verschiedenen Sensoren wurden nach ihren Entdeckern benannt und heißen deshalb *Merkel-Zellen, Meißner-Tastkörperchen, Ruffini-* oder *Vater-Pacini-Körperchen*. Jeder von ihnen hat seine eigene Aufgabe. Druck und Berührung beispielsweise werden von den Merkel-Zellen präzise und auf kleinster Fläche vermerkt. Sie springen an, wenn sich eine Stechmücke auf unserer Haut niederlässt. Die Pacini-Körperchen hingegen melden Berührungen und Vibrationen auf relativ großen Arealen, ohne sie genau zu lokalisieren, sagen uns also etwa, dass wir gerade am Rücken massiert werden.

ʒ ... ensoren sind an Nervenfasern angeschlossen. Durch ... ion des Sensors im Rahmen eines mechanischen ... wa einer Berührung – wird die Nervenfaser stimuliert. ... et die Information mit hoher Geschwindigkeit ins Gehirn ... ter, ähnlich wie Strom, der durch eine Leitung fließt. Je nachdem wie stark der Reiz war, schickt der Sensor wenige oder viele Impulse durch den Nervenstrang. Ist der Reiz zu schwach, wird der Sensor zu wenig erregt, und wir spüren ihn nicht.

Die Sensibilität der Haut ist nicht überall am Körper gleich. Sie ist abhängig von der Dichte der Sensoren und der Größe der rezeptiven Felder, also der Hautareale, die von einem Nerv versorgt werden.

Besonders dicht verteilt sind die Tastsensoren in den Fingerspitzen, den Lippen, der Zunge, den Brustwarzen, den äußeren Geschlechtsorganen und der Afterregion. Dort empfinden wir besonders intensiv. Die diversen Sensoren erzeugen aus Druck, Vibration und Berührung Impulse, die wir dann beispielsweise als leidenschaftliche Küsse oder guten Sex wahrnehmen.

Wenn Sie sich eine Vorstellung davon machen wollen, können sie den Zirkeltest durchführen: Nehmen Sie einen filigranen Zirkel, stellen Sie ihn auf zwei Millimeter Breite, und setzen Sie ihn dann auf Ihre Haut. Spüren Sie einen oder zwei Druckpunkte? An der Fingerspitze können die meisten Menschen die Reize der beiden Spitzen noch als getrennt wahrnehmen, am Oberschenkel schon nicht mehr. An der Zunge reicht sogar ein Abstand von etwa einem Millimeter, ein bis zu einem Fünfzigstel des Abstandes, den ein Rücken ertasten kann.

Selbstverständlich beeinflusst auch die Fingergröße das Tastempfinden. Es zeigte sich in einer Untersuchung an der McMaster University in Ontario, dass Menschen mit kleinen Fingerkuppen sensibler sind. Sie konnten enge Rillen ertasten, die sich Menschen mit großen Händen nicht erschlossen haben. Die Ergebnisse waren unabhängig vom Geschlecht, Männer und Frauen mit gleich großen Fingern zeigten auch ähnliche Testergebnisse. Die Erklärung ist einfach: Alle Menschen haben eine ähnlich große Anzahl an Tastsensoren pro Fingerkuppe. Ist die Fläche größer, liegen die Sensoren weiter auseinander und umgekehrt.

Vor einigen Jahren wurde eine neue Funktion von Nervenfasern identifiziert, die ihren Ursprung in der behaarten Haut haben. Sie kommen demnach nicht auf der Fußsohle und in der Handinnenfläche vor. Diese sogenannten C-taktilen Nervenfasern übertragen ihre Informationen mit einer Geschwindigkeit von etwa einem Meter pro Sekunde ins Gehirn. Das ist etwa hundertmal langsamer als bei unseren schnellen Nervenfasern. Ein leichtes, zärtliches Streicheln der Haut mit einer geringen Reibung ist ein starker Reiz für diese Nerven. Daher werden die C-taktilen Nervenfasern auch mit angenehmen Berührungen in Verbindung gebracht.

In experimentellen Versuchsanordnungen hat sich dabei gezeigt, dass das Streicheln an unbehaarten Hautstellen wie der Handinnenfläche nicht die gleiche Intensität von angenehmer Berührung hervorruft, wie sie an behaarten Stellen ausgelöst wird.

Die Haut ist also unsere fühlende Hülle. Sie registriert Kontakte entlang der gesamten Außengrenze präzise und meldet blitzschnell, ob etwas glatt, rau, hart, weich, spitz, rund, fest oder aber auch heiß, kalt, leicht oder schwer ist.

Ergänzend soll erwähnt werden, dass die Haut neben den sensorischen auch andere Aufgaben erfüllt:

1. Die Haut bildet eine wichtige äußere Schutzschicht. Eine intakte Haut verhindert das Eindringen von Krankheitserregern und anderen schädlichen Stoffen. Eine unversehrte äußere Haut schützt aber auch vor starken Flüssigkeits- und Eiweißverlusten. Bei großflächigen Verbrennungen benötigt der Patient daher

sehr viel Flüssigkeit und trägt ein höheres Risiko für Infektionen.

2. Die Haut spielt eine sehr wichtige Rolle im Wärmehaushalt. Über die Blutgefäße gelangt Wärme, die ständig im Körperkern gebildet wird, an die Haut und wird über Konvektion, Strahlung und Wasserverdunstung nach außen weitergeleitet. Bei vermehrter Wärmebildung, vor allem im Rahmen einer körperlichen Belastung, wird zusätzlich Wärme über die Schweißdrüsen abgeführt. Andererseits dient das Unterhautfettgewebe und teilweise die Körperbehaarung zur Wärmekonservierung.
3. Die Haut dient außerdem als Schutzschild vor der schädlichen UV-Strahlung. Dabei absorbieren und reflektieren sowohl das Haarkleid als auch die Hornschicht einen Teil der Strahlung. Durch die Aufnahme von UV-Strahlung durch das Melanin kommt es zur charakteristischen Pigmentierung der Haut, die dieser einen braunen Farbton verleiht.
4. In der Haut wird ferner auch unter Beteiligung der UVB-Strahlung die Synthese des Vitamin D eingeleitet, welches vor allem eine wichtige Funktion im Calcium- und Knochenstoffwechsel besitzt.
5. Die Talgdrüsen bewirken schließlich eine vermehrte Abgabe von Fett, was die Haut geschmeidig hält.

Berührung kommt an

Die Sensoren leiten die Berührungsinformation über das Rückenmark weiter ins Gehirn. Dieses besteht aus Milliarden von Nervenzellen, die über Kontaktstellen, sogenannte Synapsen, miteinander verbunden sind. Das Gehirn lässt sich grundsätzlich in verschiedene Bereiche gliedern, die unterschiedlichste Funktionen erfüllen.

Mit Ausnahme des Geruchssinns werden alle sensorischen Reize, auch die, die von der Haut kommen, im sogenannten Thalamus verarbeitet, weshalb man diese ovale Struktur, die mitten im Gehirn liegt, auch als das »Tor zum Bewusstsein« bezeichnet. Von dort geht es weiter zur primären somatosensorischen Hirnrinde, wo die bewusste Wahrnehmung der taktilen Sinnesreize stattfindet. Die einzelnen Hautareale haben auf dieser Hirnrinde eine räumliche Zuordnung. Dabei nehmen empfindlichere Areale wie die Lippen oder die Finger hier deutlich mehr Platz ein als unempfindlichere Gebiete wie der Rumpf.

Diese primäre Hirnrinde registriert also die Berührungsreize, versieht sie quasi mit dem Eingangsstempel. Danach gibt sie die Infos weiter an die sekundäre somatosensorische Hirnrinde, die für die Bewertung zuständig ist. Hier wird entschieden, ob wir einen Reiz als angenehm oder unangenehm empfinden. Sie hat auch einen Konnex zur orbitofrontalen, also über den Augen gelegenen, Hirnrinde sowie zur Inselrinde. Beide spielen bei Gefühlen eine wichtige Rolle. Empathische Fähigkeiten und Emotionen wie Liebe oder Angst werden zum Beispiel mit der Inselrinde in Verbindung gebracht.

Bei der Bewertung einer Berührung als positiv oder negativ durch das Gehirn spielen etliche Faktoren eine Rolle. Ein Kriterium ist die Geschwindigkeit, mit der über die Haut gestrichen wird. Langsame Berührungen mit einer Geschwindigkeit im Bereich von fünf Zentimetern pro Sekunde wurden in wissenschaftlichen Untersuchungen als angenehmer empfunden als solche mit zwanzig Zentimetern pro Sekunde. Das wird Sie kaum überraschen. Wir empfinden ein langsames, zärtliches Streicheln mit einem adäquaten Druck als deutlich angenehmer, als wenn uns jemand hastig und grob über die Haut fährt. Männer und Frauen reagieren allerdings unterschiedlich auf Berührungen. Zum Beispiel finden Männer oft eine Stimulation der Kopfhaut relativ wohlig, wohingegen Frauen Berührungen im Gesicht als angenehmer einstufen. Aber jeder Mensch ist und fühlt anders und hat zudem seine eigene Berührungsgeschichte.

Wird eine Berührung als angenehm klassifiziert, kommt es zu einer Interaktion mit den Lust- und Belohnungszentren im Gehirn, die auch beim Suchtverhalten eine Rolle spielen. So gesehen weisen angenehme Berührungen ein hohes Suchtpotential auf. Wie wir auf eine Berührung zu reagieren haben, sagt uns schlussendlich das limbische System, das für gefühlsbetontes Verhalten zuständig ist. Seine Strukturen bilden einen Ring um den Thalamus und sind mit den Insel und orbitofrontalen Hirnrinden verbunden, welche durch Berührungen stimuliert werden.

Zum Leben gestreichelt

Dieser kleine Exkurs in unsere Innenwelt sollte aufzeigen, wie komplex Berührungen wirken. Ihre Macht hingegen wird besonders gut von folgender Geschichte demonstriert: »Wir können nichts mehr für ihn tun, sagte der Arzt und legte der Mutter den toten Buben auf die Brust, damit sie und sein Vater von ihm Abschied nehmen konnten«, so begann einer der Berichte über das moderne Wunder, das sich im Herbst 2010 ereignete. Eine Australierin hatte dreizehn Wochen zu früh Zwillinge zur Welt gebracht. Jedes der Frühchen wog etwa ein Kilogramm, es waren ein Mädchen und ein Junge. Der Junge atmete nicht. Man versuchte, ihn zu reanimieren. Der Arzt konnte jedoch nichts für ihn tun und erklärte ihn für tot. Die Mutter nahm ihn in den Arm, legte ihn auf ihre Brust und redete auf ihren Winzling ein. Etwa zwei Stunden verbrachte sie in dieser auf intensivem, warmem Hautkontakt basierenden Känguru-Haltung. Zwei Stunden lang hoffte sie auf ein Wunder, bis es tatsächlich geschah. Das Baby wurde zum Leben erweckt.

Dieser Fall zeigt wie kein zweiter die lebenswichtige Wirkung von Berührungen, insbesondere bei Kindern und hier vor allem bei Frühgeborenen. Durch den großflächigen Körperkontakt wurden die Sinne des Jungen stimuliert. Dies bewirkte eine deutliche Stressreduktion sowie eine Stimulation der lebenswichtigen Organfunktionen. Die Mutter des kleinen Buben kann von Glück sprechen, ihr Kind im Jahr 2010 zur Welt gebracht zu haben. Es ist noch gar nicht so lange her, als Frühchen sofort im Brutkasten abgelegt wurden, hermetisch abgeschirmt von der Welt. Man war der Meinung, das Infektionsrisiko sei zu groß. Verzweifelte Mütter standen vor einer doppelten Glasscheibe und sehnten sich danach, jenes Wesen in Händen zu halten, das sie monatelang in sich getragen hatten. Doch statt das Kleine zu streicheln und zu liebkosen, mussten sie hilflos mitansehen, wie es auf einer Plastikmatratze lag, 24 Stunden am Tag grellem Neonlicht ausgesetzt, mit angebundenen Händen und Füßen, damit die Schläuche nur ja an der richtigen Stelle blieben.

»Ich erinnere mich an den kleinen, schwachen Christoph, der bei uns auf der Frühgeborenenstation lag. Nach einer Nacht ging es ihm besonders schlecht, und ich habe der Mutter geraten, sie soll ihn im Inkubator lassen. Etwas später sah ich die junge Frau, wie sie traurig auf ihn blickte mit Tränen in den Augen. Es war so ein Bild des Jammers. Also haben wir sie in einem Liegestuhl platziert und ihr ihr Söhnchen auf die Brust gelegt. Binnen dreißig Minuten waren die Herztonschwankungen vorbei, und er ist viel rosiger geworden. Da habe ich gelernt, wie wichtig es gerade in schwierigen Situationen ist, dass man Nähe und Geborgenheit gibt.«

Dr. Marina Markovich baute in den 1980ern am Mautner Markhof Kinderspital eine neonatologische Intensivstation auf, wie sie in einem Radiointerview erzählte. Damals galt überall die »minimum touch policy« – so wenig berühren wie nur möglich. Doch Markovich war der Meinung, man dürfe den Kindern ihre Eltern nicht vorenthalten und umgekehrt. Damit stieß sie auf breites Unverständnis, die Oberärzte waren entsetzt und durchweg davon überzeugt, die Frühchen würden alle an Infektionen sterben. »Unreif geborene Kinder können mehr, als man ihnen zutraut. Durch den unmittelbaren Körperkontakt stabilisieren sich Körpertemperatur, Herzschlag und Atmung, und die Babys nehmen schneller zu.« Mit dieser Einstellung, die sie hartnäckig durchsetzte, war Marina Markovich eine weltweite Pionierin in der sanften Behandlung von Frühgeborenen. »Mit der Entwicklung der hochtechnisierten Medizin hatte man einfach das Wichtigste vergessen: den Körperkontakt.«

Die Zahlen gaben ihr rasch recht: Die Sterblichkeitsrate von frühgeborenen Kindern unter tausend Gramm lag auf ihrer Station bei 24 Prozent. In den anderen österreichischen Krankenhäusern waren es damals noch etwa 55 Prozent. Heute ist die *Känguru-Methode* weltweit anerkannt. Denn selbst Jahre später weisen Frühchen, denen man die Känguru-Haltung angedeihen ließ, unter Umständen einen Vorsprung auf bei geistigen und motorischen Fähigkeiten gegenüber anderen, die nach alter Schule die ganze Zeit im Brutkasten liegen mussten.

Durch Berührungen Traumata benennen

Bei einer posttraumatischen Belastungsstörung, also psychischen Problemen aufgrund eines erlebten Traumas, ist wahrscheinlich die Synchronisation der beiden Hirnhälften gestört. Der Traumatisierte ist sozusagen »sprachlos entsetzt« und kann das Geschehene nicht in Worte fassen, wodurch eine Verarbeitung des Erlebten erschwert wird. Durch abwechselndes Antippen der rechten und linken Hand werden die beiden Gehirnhälften in kurzen Abständen nacheinander angeregt, was mit merkbaren Konsequenzen verbunden ist. Dies macht sich die EMDR-Therapie zunutze, um schwer Traumatisierte aus ihrer Erstarrung zu holen. EMDR ist die Abkürzung für Eye Movement Desensitization and Reprocessing. Der Name nimmt Bezug auf jene Schlafphase, bei der starke Augenbewegungen stattfinden und zugleich das im Alltag Erlebte intensiv verarbeitet wird.

Die EMDR-Methode hält sich an verschiedene, genau definierte Vorgaben und Behandlungsphasen. Charakteristisch ist dabei die bilaterale Stimulation durch verschiedene Methoden. Bei der Berührungsmethode zum Beispiel tippt der EMDR-Therapeut abwechselnd auf die rechte und linke Hand. Diese beidseitige Stimulation wirkt entspannend und regt beide Gehirnhälften gleichsam an. Dadurch wird die Informationsverarbeitung beschleunigt, Blockaden aufgehoben und die Traumata-Verarbeitung beschleunigt.

Ein Missbrauchsopfer etwa berichtet in einem Internetforum davon, wie ihm die Methode bei der Aufarbeitung seines Traumas geholfen hat: »Wie kann man seinem Therapeuten etwas erzählen, was gar nicht erzählbar ist, weil es keine Worte dafür gibt? Doch EMDR ist eine Methode, mit der man einfach nur seine Gefühle durcharbeitet und klärt, ohne darüber reden zu müssen. Während des Tippens bin ich durch mehrere episodenhafte Szenen hindurchgegangen. Ich habe meinen Therapeuten ständig auf dem Laufenden über die Szene und meine Gefühle gehalten. Oft bin ich in Tränen ausgebrochen, habe mich geschüttelt, habe gefroren, hatte Angst, habe mich geekelt, (…) habe einiges richtig körperlich gespürt. Das alles waren alte, bisher nicht aufgearbeitete und verarbeitete Gefühle. Es kamen auch neue Körpererinnerungen hoch, die ich vorher nicht spüren konnte, die auf heftiges Würgen und einen Fremdkörper in Mund

und Rachen, Erstickungsgefühle (...) und Todesangst hinweisen. Ich deute diese Symptome, vor allem das Erstickungsgefühl und den großen Fremdkörper im Mund, als sexuellen Missbrauch bereits im Babyalter. Die weit verbreitete Ansicht, ein Baby oder Kleinkind bis zum Alter von zwei Jahren könne keinen Schaden nehmen, weil es sich später nicht erinnern könne, ist total falsch. Im Gegenteil: Nichts ist schlimmer als ein Trauma ausgerechnet in diesem Alter. Warum? Weil die Trauma-Aufarbeitung nur als Erwachsener möglich ist, Erwachsene jedoch völlig anders denken und fühlen als Babys oder Kleinkinder. Die Integration von Traumatisierungen aus dem Babyalter in das erwachsene Alltagsleben ist daher extrem schwierig. Trotzdem ist sie notwendig, sonst leidet man sein Leben lang an scheinbar unerklärlichen Folgesymptomen. So war ich beim EMDR-Therapeuten gelandet, der mir schlussendlich helfen konnte.«

Halten gibt Halt

Es muss nicht immer ein schweres Trauma sein, das uns professionelle Hilfe suchen lässt. Viele Menschen scheitern regelmäßig an ihren Beziehungen. Auch hier gibt es mit der Bindungstherapie einen körperbetonten Lösungsansatz.

Lin Burian, Geschäftsführerin des Wiener Instituts für Bindungstherapie, bietet in ihren Workshops erfahrungsorientierte Bindungstherapie (EBT) an, die als wesentliches Mittel die liebevolle Umarmung einsetzt. Diese Therapieform bietet die Möglichkeit, Beziehungen von Menschen, die aneinander gebunden sind – also in einem Naheverhältnis zueinander stehen –, zu klären. Chronische, oft unbewusste Beziehungskonflikte können aufgearbeitet werden. Gestörte Eltern-Kind-Bindungen, entstanden durch Trennung, Krankheit oder unbewältigte Konflikte, können ebenso erneuert werden wie konfliktbeladene Partnerschaftsbeziehungen.

»Ungelöste Konflikte wirken sich auf Gedanken, Gefühle und den Körper aus und machen krank. Es wächst die Tendenz, sich zurückzuziehen, körperliche Nähe zu vermeiden respektive sich ängstlich anzuklammern. Die Liebes- und Versöhnungsbereitschaft nimmt ab, Stress, Wut, Angst, Resignation oder Schmerz können die Betroffenen dann ganz ausfüllen«, erklärt Burian. »Ich leite bei der erfahrungsorientierten Bindungsarbeit nun dazu an, den nahen Menschen – Eltern mit ihrem Kind, Partner, erwachsene Kinder mit ihren Eltern, nahe Freunde – in fester Umarmung zu halten und alles Trennende, das Unaussprechliche, das Unangenehme auszudrücken. Eine Konfrontation wird völlig anders erlebt, wenn sich die Kontrahenten umarmen anstatt sich nur gegenüber zu stehen. Der emotionale Prozess dauert so lange, bis aller Schmerz, alle Wut und alle Angst geäußert sind und die Liebe wieder fließen kann.« Der Therapeut hat dabei die Aufgabe, den Ausdruck von auftauchenden Erregungszuständen und Aggressionen zu unterstützen, indem er etwa dazu auffordert, »sich auszuschimpfen oder auszuweinen«. Die Umarmungen finden in bequemer Lage statt und dauern idealerweise so lange, bis sich die aufkommenden Emotionen wieder legen und einem geborgenen Gefühl weichen.

Sag es mit Berührung

Wir haben gesehen, dass Berührungen extrem mächtig sind. Sie wirken sich auf unsere Stimmungslage und Emotionen aus, sie können seelische Knoten, die aus der Vergangenheit rühren, auflösen, und sie können auch körperliche Leiden wieder lindern. Sie dringen tief in unser Unterbewusstsein.

Darüber hinaus haben Berührungen uns viel zu sagen, wir achten bloß selten darauf. Da kann der Ehemann schwärmen: »Ach Liebste, der Sonnenuntergang ist wirklich wunderschön«, und sich im gleichen Moment wünschen, zu Hause vor dem Fernseher zu sitzen und das Fußballspiel anzusehen. Würde seine Herzensdame auf den Druck seiner Hand achten, wüsste sie, dass er mit den Gedanken ungeachtet seiner süßen Worte gerade ganz woanders ist. Denn lügen können wir alle nur mit Worten. Wir können dem Gegenüber das Blaue vom Himmel versprechen, ihm hinterrücks aber die Beulenpest an den Hals wünschen. Trotzdem werden wir selten entlarvt, da die meisten Menschen sich bereitwillig mit schönen Worten ködern lassen. So genau wollen wir die Wahrheit meist ohnehin nicht wissen.

Doch mehr als die Hälfte dessen, was wir sagen wollen, kommunizieren wir still. Mit Blicken, Gesten und Berührungen. Berührung ist die erste Sprache, die wir lernen, und sie bietet uns eine unglaubliche Fülle an Ausdrucksmöglichkeiten, die beim Gegenüber schneller und intensiver ankommen als bei jeder anderen Form der Verständigung. Ein geschäftlicher Handschlag, ein zärtliches Streicheln über die Hand, ein begehrliches Streichen über den Oberschenkel, ein aufmunterndes Klopfen auf die Schulter: Über Berührung vermittelte Botschaften haben eine direkte Wirkung auf den Körper und damit auch auf das Denken und Handeln von Menschen. Außerdem lassen sich Gefühle nicht immer leicht in Worte fassen, während eine Berührung jede Emotion zuverlässig transportiert.

Matt Hertenstein von der DePauw-Universität in Indiana hat das nachgewiesen. Versuchspersonen sollten verschiedene Emotionen allein durch Berührung an unbekannte Personen, die durch einen schwarzen Vorhang von ihnen getrennt waren, übertragen. Sender und Empfänger konnten sich nicht sehen, über ein Loch im Vorhang berührte der Sender den Empfänger am Unterarm und versuchte dabei, zwölf unterschiedliche Gefühle in verschiedenster taktiler Art, zum Beispiel streicheln, drücken oder vibrieren, zu senden. Die Resultate zeigten, dass die Empfänger Gefühle wie Ärger, Angst, Ekel, Liebe, Dankbarkeit und Sympathie mit einer Wahrscheinlichkeit von bis zu 70 Prozent erkennen konnten. Berührungen können demnach weit mehr als bloß anderweitig Mitgeteiltes verstärken. Sie sind ein eigenständiges Mittel der Kommunikation.

Begrüßung der besonderen Art

Wir beschränken Berührungen in der zwischenmenschlichen Kommunikation oft auf Begrüßung und Abschied. Wir geben dem Gegenüber die Hand oder umarmen uns locker, um uns auf die Wangen zu küssen. Der erste Eindruck entscheidet, wie ein Gespräch abläuft, ob freundschaftlich, geschäftlich oder reserviert. Dabei ist es völlig egal, was wir sagen, denn fast 95 Prozent des ersten Eindrucks werden durch Äußerlichkeiten, wie Aussehen, Kleidung, Gestik, Mimik, aber auch Eigenschaften der Stimme und Sprache wie Sprechgeschwindigkeit, Stimmlage und Betonung bestimmt. Einen der wichtigsten Faktoren bildet der Händedruck. Viele von uns distanzieren sich mental bereits bei der Begrüßung, wenn sich unser Gegenüber mit einem schlapp-feuchten Händedruck vorstellt.

»Um eine besondere Gesprächsatmosphäre zu schaffen, wasche ich zur Begrüßung meinem Kommunikationspartner die Hände. Alles, was ich dazu brauche, habe ich stets im Kofferraum«, erzählt Robert Rogner junior, der von Friedensreich Hundertwasser, tibetischer und vedischer Kultur inspirierte Sohn des Baulöwen Rogner von den Rogner-Wellness-Thermen. Er geht niemals ohne Lavoir, einem kleinen Wasserkanister, Seife und Handtuch zu einem Termin. »Durch diese bewusste Handlung schaffe ich eine völlig andere Qualität in der Begegnung, als wenn ich nur flüchtig die Hand zum Gruß reiche.«

Auf die Frage, wie die Menschen darauf reagieren, erzählt Rogner: »Sie können sich vorstellen, dass alle überrascht sind. Aber durchwegs im positiven Sinne. Durch dieses einfache Ritual kommen wir uns viel näher, als das sonst der Fall wäre, und das schafft ein hervorragendes Gesprächsklima.«

Berührungen können aber nicht nur Vertrauen schaffen sie können auch Macht und Überlegenheit demonstrieren. Generell neigen in der Arbeitswelt Menschen mit höherem Status eher dazu, andere zu berühren, als jene, die niedriger gestellt sind.

Ein Chef scheint, laut ungeschriebenem Gesetz, die Wahl zu haben, seinen Mitarbeiter – in nicht-sexueller Absicht an nicht-intimen Stellen – zu berühren. In die andere Richtung kann das unangenehme Folgen für den kontaktfreudigen Untergebenen nach sich ziehen, der dann von den Kollegen als Schleimer und vom Boss als anmaßender Kerl gesehen wird. Interessant ist in diesem Zusammenhang, dass in der Öffentlichkeit Personen, die andere berühren, als mächtiger und angesehener eingestuft werden als die, die Berührungen empfangen. Das deutet auf die soziopolitische Bedeutung von Berührungen hin. Anlehnend an Nancy Henley, einer Körperstrategin, existieren diesbezüglich zwei Formen der nonverbalen Kommunikation: die horizontale, in der statusgleiche Menschen miteinander kommunizieren und Sympathie oder Abneigung zeigen, und die vertikale, in der es um Überlegenheit, Führung und Macht geht. Für Henley sind nonverbale Kommunikationen – und damit auch Berührungen – Teile einer mikropolitischen Struktur, die unter anderem den Zweck haben, gesellschaftliche Strukturen in Gang zu halten.

Hautsensoren nehmen, was sie bekommen

Nicht nur Berührungen, sondern auch einfache physikalische Reize, die die Hautsensoren aktivieren, können unsere Eindrücke über fremde Menschen und die Umwelt beeinflussen. Zwei interessante wissenschaftliche Untersuchungen konnten das eindrucksvoll demonstrieren. In der ersten wurde die Wirkung von physikalischer Wärme oder Kälte auf das menschliche Verhalten überprüft. Ein Mitarbeiter des Studienteams empfing die Teilnehmer in der Lobby des Institutsgebäudes und fuhr dann mit ihnen im Aufzug in den vierten Stock zum Untersuchungsraum. Während der Fahrt bat der Studienassistent die Versuchspersonen, für kurze Zeit seine heiße oder in einigen Fällen eiskalte Kaffeetasse zu halten, um in seinem Heft den Namen der Person abzuhaken. Im Testraum angekommen, wurden den Versuchspersonen verschiedene Fragebögen überreicht. In diesen sollte unter anderem auch der Studienassistent, der sie empfangen hatte, beurteilt werden.

Probanden, die die heiße Kaffeetasse gehalten hatten, stuften den Mitarbeiter als deutlich angenehmer ein als diejenigen, die Kontakt mit der kalten Tasse gehabt hatten. Der Mitarbeiter wurde als »warmer« Mensch beurteilt, als eine Person, zu der man sich hingezogen fühlt, die freundlich und vertrauenswürdig ist.

Es existiert dementsprechend ein eindeutiger Zusammenhang zwischen physischer und psychischer Wärme. Im übertragenen Sinn zieht Wärme also Wärme nach sich. Die physikalische Umgebung strahlt auf unser Innenleben ab. Wärme erinnert zudem an angenehme Ereignisse im Leben, an zärtlichen Körperkontakt, an ein heißes Wannenbad oder die wohltuenden Strahlen der ersten Frühlingssonne. Diese enge Verbindung zwischen Umweltreizen und Gefühlswelt könnte die Versuchsergebnisse erklären. Es ist übrigens nicht überliefert, ob das Experiment auch im Hochsommer funktioniert.

In der zweiten Studie haben Forscher um Joshua Ackerman vom Massachusetts Institute of Technology den Effekt von Gewichtsempfindungen und Oberflächenbeschaffenheiten von Gegenständen auf das soziale Verhalten untersucht.

Zwei Gruppen von Versuchspersonen erhielten jeweils ein leichtes oder ein schweres Klemmbrett für Unterlagen überreicht. Im Anschluss wurde ein Bewerbungsgespräch simuliert, bei dem den Teilnehmern ein Jobsuchender vorgestellt wurde. Interessanterweise stuften die meisten Probanden mit dem schweren Brett in Händen den Bewerber als höher qualifiziert ein. Man spricht ja auch von einer »gewichtigen Angelegenheit«, wenn man eine Sache als bedeutend und seriös erachtet.

In einem weiteren Experiment Ackermans mussten die Probanden einen Dialog vorlesen. Vor der Leseaufgabe wurden sie instruiert, ein simples Puzzle, das entweder aus unangenehm rauen oder wohlig weichen Teilen bestand, zu legen. Dabei bewertete die Gruppe, die das raue Puzzle bearbeitet hatte, die Textpassage als schwieriger als die Gruppe mit den weichen Teilen. Möglicherweise bewirkt die raue Oberfläche eine komplexere Informationsverarbeitung im Gehirn, was uns eine gewisse Anstrengung abverlangt und daher ein Gefühl von geistiger Konfusion hervorruft.

Im letzten Versuch durften einige Probanden in weichen Polstersesseln Platz nehmen, während die anderen sich auf harte Stühlen setzen mussten. Dann wurden Preisverhandlungen simuliert, in denen sich die Teilnehmer auf der harten, unbequemen Unterlage viel weniger kompromissbereit zeigten als diejenigen, die es gemütlich hatten. Hart wird assoziiert mit kühler Vernunft und Beharrlichkeit. Ein harter Mensch ist jemand, der nicht nachgibt. Er handelt rational und weniger emotional. Umgekehrt strahlen warme, weiche Gegenstände Geborgenheit und Wohlbefinden aus. Einfach ausgedrückt: Lassen wir uns »bechillen«, verabschiedet sich unsere Kampfkraft.

Der manipulative Touch

Schon ein simples Klemmbrett kann unsere Stimmung beeinflussen, eine echte Berührung kann noch einiges mehr. »Eine Berührung hebt die Distanz auf. Sie schafft Nähe und kann damit ungemein viel bewirken. Wird ein Mitarbeiter vom Chef gelobt, freut er sich. Wird er dabei zusätzlich mit einer freundschaftlichen Berührung bedacht, ist er doppelt motiviert«, sagt Gregor Anzengruber, Kommunikations- und Flirttrainer aus Baden bei Wien. Im Geschäftsleben werde das aber viel zu selten genutzt, meint er. »Wenn ich beispielsweise in einem Laden einen Anzug probiere und die Verkäuferin ihn dann nicht nur lobt, sondern auch noch mit ihren Fingern über den Stoff fährt, denke ich unbewusst: ›Der muss mir aber wirklich gut stehen.‹ Mit ihrer Berührung drückt sie Sympathie und Sorgfalt aus, und ich bin mir sicher, sie meint es ernst«, sagt Anzengruber. Preise die Verkäuferin den Anzug dagegen nur mit Worten, »dann vermute ich eher, dass sie bloß ein Geschäft machen will«.

Anzengruber ist davon überzeugt, dass bewusst eingesetzte Berührung in Kombination mit dem spannenden Wechselspiel zwischen Mann und Frau Umsätze im Einzelhandel in die Höhe schnellen lassen würde. »Stellen Sie sich vor, ich gehe zum Autohändler. Dort begrüßt mich eine Verkäuferin, macht mir einen Wagen schmackhaft, und während sie mich zu dem Auto geleitet, berührt sie sanft meinen Unterarm. Ganz ehrlich: Da kann ich als Mann kaum mehr raus.«

Zahlreiche Studien bestätigen Gregor Anzengrubers Aussagen. In einer der ersten Untersuchungen zum Einfluss von Berührungen auf zwischenmenschliches Verhalten berührte ein Bibliotheksangestellter einige Studenten kurz an der Hand, während sie ihm ihre Ausleiheausweise überreichten. Diejenigen, die berührt worden waren, stuften den Angestellten als netter ein, als die nicht berührte Gruppe. Interessanterweise trat dieser positive Eindruck auf, obwohl sich kein Teilnehmer an die Berührung erinnern konnte.

In einer anderen, älteren Studie von April H. Crusco und Christopher G. Wetzel aus dem Jahr 1984 wurde der Einfluss von Berührungen auf die Höhe des Trinkgeldes in einem Restaurant untersucht. Dabei wurden drei Szenarien miteinander verglichen. Beim ersten berührte die Kellnerin zweimal die Hand des Gastes, während er bezahlte. Bei der zweiten Versuchsreihe berührte sie seine Schulter, und beim dritten Szenario schließlich berührte sie ihn gar nicht. Das Ergebnis war eindeutig. Wenn der Gast berührt wurde, war er auch spendabler, unabhängig davon, wo die Kellnerin ihn angefasst hatte.

Berührungen beeinflussen auch unser Trinkverhalten. Eine andere Kellnerin bediente etwa 150 Besucher eines Pubs und berührte dabei einige von ihnen. Diejenigen, die berührt wurden, konsumierten deutlich mehr Alkohol als die unberührte Gruppe.

In einer ähnlichen Studie bat eine attraktive Studienassistentin junge Männer, die alleine an der Bar saßen, ihren Schlüssel auf den Schlüsselbund zu geben. Nachdem die Herren der Schöpfung diese nicht besonders schwierige Aufgabe erledigt hatten, berührte der attraktive Lockvogel einige der Männer kurz am Unterarm, während sie den Schlüsselbund wieder entgegennahm. Dabei bedankte sie sich herzlich und lächelte die Ahnungslosen an. Danach setzte sich die Dame wieder an ihren Tisch. Ein Drittel der berührten Männer ging daraufhin in die Offensive. Sie nahmen sich ein Herz und kontaktierten die Dame. Im Gegensatz dazu traute sich nur jeder siebte der nicht Berührten, sie anzusprechen.

Aber auch Männer können zum Zug kommen, wenn sie Frauen kurz angenehm berühren. Frauen in einer Disco waren zum Beispiel eher bereit mit einem Studienassistenten zu tanzen, wenn sie von ihm zuvor berührt worden waren. Sie willigten sogar öfter ein, ihm ihre Telefonnummer zu geben.

Berührungen machen Menschen auch hilfsbereiter. Über hundert Passanten wurden einmal gefragt, ob sie für zehn Minuten auf einen großen lebhaften Hund aufpassen würden, damit das Herrchen in der Apotheke ein Medikament besorgen kann. Zehn Minuten sind in diesem Fall eindeutig eine Ewigkeit. Die Hälfte der Passanten wurde während der Bitte berührt. 55 Prozent von ihnen erklärten sich daraufhin bereit, diesen schwierigen Job zu übernehmen, wohingegen nur 35 Prozent der nicht Berührten zusagten.

In anderen Experimenten wurden verschiedene Personen gebeten, eine Petition zu unterschreiben oder einen Fragebogen auszufüllen. Dabei lag die Bereitschaft zu kooperieren deutlich höher, wenn sie von der Studienassistentin am Ober- oder Unterarm flüchtig berührt wurden. Auch hier willigten vor allem diejenigen Personen ein, die die Berührung nicht bewusst wahrgenommen hatten.

Nicolas Gueguen aus Frankreich ließ an einem sonnigen Tag vier seiner Mitarbeiter im Zentrum der Stadt Vannes ausschwärmen. Sie sprachen unbeteiligte Fußgänger an und baten sie um Geld für die Parkuhr. Einige der Passanten wurden dabei für ein bis zwei Sekunden an der Hand berührt nach der Devise »bitte hilf mir«, andere kurz an der Schulter angetippt à la »Hallo, ich will was von Ihnen«, und die letzte Gruppe wurde nicht berührt. Die Ergebnisse zeigten, dass die Berührung an der Hand mit der höchsten Hilfsbereitschaft von etwa 60 Prozent verbunden war. Bei fehlendem Körperkontakt hingegen war nur jeder Dritte bereit, etwas springen zu lassen. Interessant sind dabei geschlechtsspezifische Unterschiede im Verhalten. Männer waren nach dem Antippen auf die Schulter eher kooperativ und stuften die Berührung an der Hand als relativ unangenehm ein. Vollkommen anders reagierten Frauen. Fast 80 Prozent derjenigen, die an der Hand berührt wurden, waren bereit, die Geldbörse zu zücken, wohingegen die meisten es als unangenehm und aufdringlich empfanden, wenn man sie frech an der Schulter antippte. Da war ihnen sogar kein Körperkontakt lieber.

Alle diese Studien zeigen, dass kurze, oft nicht bewusst wahrgenommene Berührungen an nicht intimen Körperstellen die Menschen zueinander führen und hilfsbereiter machen. Andererseits kann flüchtigen Berührungen und unterschiedlichen physikalischen Faktoren eine manipulative Wirkung nicht abgesprochen werden. Seien Sie also manchmal wachsam, wenn man Sie bei der nächsten geschäftlichen Verhandlung auf einem weichen Loungesessel platziert, Ihnen heißen Kaffee reicht und Sie dabei wie versehentlich am Arm streift. Oder bedienen Sie sich dieses Wissens selbst. Etwa um Ihrem Partner ein paar Zugeständnisse in der Haushaltsführung zu entlocken

3 Wir werden zu wenig berührt

Jeder Mensch hat das Recht auf ein gutes Leben.

Es geht nicht nur um das Recht auf Leben, wie es im Grundgesetz verankert ist. Es geht nicht nur um das Recht auf körperliche Unversehrtheit und Freiheit, sondern es geht vor allem um das Recht auf ein gutes, glückliches, erfülltes Leben. Der Mensch besteht nicht nur aus Fleisch und Blut, sondern auch aus etwas Undefinierbarem, das wir Seele nennen. Das Recht auf ein gutes Leben berücksichtigt auch diesen wichtigen Aspekt. So gesehen bildet nicht nur die körperliche, sondern vor allem auch die seelische und psychische Gesundheit die Basis für ein gutes Leben.

Den körperlichen Aspekt hat, bis auf wenige Ausnahmen wie vor allem genetische Vorbelastungen, jeder selbst in der Hand. Jeder Mündige kann selbst entscheiden, ob er sich physisch aufgibt und sich mit Zigaretten, einem Zuviel an Schweinsbraten und Schnaps umbringt oder einen gesunden Lebensstil führt. Durch letzteren kann unter anderem das Risiko für schwerere Erkrankungen wie Herzinfarkt und Krebs deutlich gesenkt werden. Ein gesunder Lebensstil inkludiert eine gesunde Ernährung, regelmäßige Bewegung sowie das Vermeiden von Genussgiften wie Tabak und zu viel Alkohol.

Die psychische Gesundheit hingegen können wir nur zum Teil beeinflussen. Ob wir glücklich, ausgeglichen sind und uns wohl fühlen, hängt von verschiedenen Faktoren ab. Ein wesentlicher Punkt ist dabei die innere Einstellung zum Leben. Positiv und optimistisch denkende Menschen fühlen sich klarerweise besser als diejenigen, die tagtäglich in ihrem Jammer und ihrer Melancholie versinken. Stress und Überbelastung sind weitere wichtige Einflüsse, die sich negativ auf die Psyche auswirken. Schließlich spielen sozioökonomische Verhältnisse eine wesentliche Rolle bei der Lebenszufriedenheit. Wenn fortwährend daran gedacht werden muss, wie und ob man selbst oder die Familie finanziell durchkommt, bereitet das klarerweise schlaflose Nächte und zehrt an der geistigen Energie. Aber mindestens ebenso aufreibend, wenn nicht schlimmer, wirken sich soziale Defizite auf die Psyche aus. Hier spielt der Mangel an Berührungen eine essentielle Rolle.

Wie stark das menschliche Verlangen nach Berührungen ist, zeigt das Beispiel des Entführungsopfers Natascha Kampusch. Das Mädchen war bekanntlich im Alter von zehn Jahren von Wolfgang Priklopil auf dem Schulweg in Wien entführt worden. Der Täter sperrte sein Opfer in ein Kellerverlies, wo es einige Monate ohne Kontakt zur Außenwelt verbrachte. In diesem dunklen Loch konnte Natascha weder Tag und Nacht unterscheiden, noch hatte sie irgendeine Kommunikationsmöglichkeit nach draußen. Das kleine Mädchen war der Situation hilflos ausgeliefert. Eines ihrer dringlichsten Bedürfnisse war Körpernähe. In ihrer Biographie mit dem Titel *3096 Tage* beschreibt sie, wie sie nach einiger Zeit ihrem Drang nachgab, ihrem Peiniger trotz aller Aversion Körperkontakt abzunötigen. Zitat aus dem Buch: »Nach ein paar Wochen im Verlies bat ich ihn zum ersten Mal, mich zu umarmen. Ich brauchte den Trost einer Berührung, das Gefühl menschlicher Wärme.« Sie schreibt weiter: »Es war schwierig. Er hatte große Probleme mit Nähe, mit Berührungen. Ich selbst wiederum verfiel sofort in blinde Panik und Platzangst, wenn er mich zu sehr festhielt.« Aber das Verlangen nach menschlicher Nähe und Wärme war größer als

Angst und Abscheu vor ihrem Entführer. In der Folge beschreibt Natascha diese körperliche Annäherung. Kampusch: »Nach einigen Versuchen schafften wir es, einen Modus zu finden – nicht zu nahe, nicht zu eng, so dass ich die Umarmung aushalten konnte, und eng genug, damit ich mir einbilden konnte, eine liebevolle, umsorgende Berührung zu spüren.« Schließlich bilanziert Kampusch nach dieser Erfahrung fast erleichtert: »Es war der erste Körperkontakt zu einem Menschen seit vielen Monaten. Für ein zehnjähriges Kind eine unendlich lange Zeit.«

Sich berührend fallen lassen

Als Erwachsene haben wir gelernt, unsere Bedürfnisse im Zaum zu halten. Wir wissen, dass wir nicht immer alles haben können, was wir möchten. Damit es uns trotzdem gut geht, tun wir so, als wäre alles in Ordnung. Wir lassen der Vernunft den Vortritt vor dem Instinkt und ignorieren die Signale unseres Körpers, der gerne mit emotionaler und physischer Nähe gefüttert werden möchte. Das ziehen wir konsequenter durch als jede Diät. Es fällt uns umso leichter, wenn uns in der Hektik des Alltags die Zeit an allen Ecken und Enden fehlt und wir sie dort einsparen, wo sie am verzichtbarsten erscheint – beim warmen Miteinander. Das beabsichtigen wir dann nachzuholen, wenn die Kalkulation fertig berechnet, die Präsentation abgeschlossen, der Chefposten bezogen ist. Leider tun wir es nur selten. Wir begeben uns somit langsam, aber sicher in die Berührungsarmut.

Das Schlimme an der Sache ist, dass wir viel zu lange brauchen, um unseren Notstand zu erkennen. »Dreizehn Jahre lebte ich in einer harmonischen Partnerschaft. Mein Freund galt innerhalb der Familie bereits als Schwiegersohn. Er war wirklich eine perfekte Partie, gebildet, zuvorkommend, sportlich und extrem gut aussehend. Er hielt viel auf seinen gepflegten Körper, und die Frauen dankten es ihm, indem sie sich auf der Straße nach ihm umdrehten. Er war einfach schön, hatte aber nur Augen für mich. Trotzdem ging es mir nicht gut. So lieb und nett er zu mir auch war, irgendwie hatte ich das Gefühl, es stimmt was nicht in unserer Beziehung, die mich gegen Ende nur mehr ausgelaugt hat. Mir machte nichts mehr richtig Spaß. Monatelang wälzte ich mich in schlaflosen Nächten unentschlossen im Bett herum, bis ich endlich die Kraft aufbrachte, mit ihm Schluss zu machen. Nicht nur er war völlig perplex, sämtliche Freunde, Verwandte und Bekannte fielen aus allen Wolken. Wie kann man so einen tollen Mann ziehen lassen, war der Tenor.«

Sabine hatte allen guten Ratschlägen zum Trotz ihrem Langzeitfreund den Laufpass gegeben. Erst in einer neuen Beziehung fand sie das, was sie bei ihm unbewusst vermisst hatte: Geborgenheit. Denn ihr langjähriger Lebenspartner war zwar verlässlich und immer für sie da, aber er war ein seltsam unkörperlicher Mensch. Kuscheln, Streicheln, im Arm halten, das alles gab es nicht in ihrer Beziehung. Sabine: »Ich wusste ja gar nicht, was mir eigentlich fehlt. Schließlich haben mir das meine Eltern auch nicht vorgelebt. Ich kann mich nicht erinnern, sie auch nur ein einziges Mal bei Zärtlichkeiten ertappt zu haben. Sie hätten ebenso gut Bruder und Schwester sein können. Daher war für mich das Nicht-Berühren der Normalzustand.« Dreizehn Jahre dauerte es, bis sich Sabine aus ihrer Berührungsarmut befreien konnte. Doch es dauerte noch einige Monate mehr, bis sie wusste, was sie in der Beziehung mit Christian so vermisst hatte: »Erst als ich mich wieder verliebte, wurde mir schlagartig bewusst, wie sehr ich es genoss, gestreichelt und liebkost zu werden.«

Sabine hat erlebt, wie es sich anfühlt, zu zweit und dennoch einsam zu sein. Ohne körperliche Geborgenheit konnte sie sich bei

Christian nie ganz fallen lassen und stand so immer in einer Art Spannung. Ihre Geschichte wiederholt sich tagtäglich weltweit in Tausenden Variationen, und nicht alle haben den Mut, sich aus einer langjährigen Bindung zu lösen. Die eben erwähnte Verdrängungstaktik funktioniert: Man tut einfach so, als sei alles in Ordnung.

Wunderdroge Oxytocin

Auch mit dem kuschelfreudigsten Partner ist man nicht vor dem Liebesaus gefeit. Es gibt schließlich viele Gründe, sich zu trennen. Berührungsmangel ist dabei selten der Auslöser, aber fast immer ein unterschwelliger Begleiter oder Beschleuniger. Proportional zum Abflauen der Liebe sinkt auch die Berührungsfrequenz innerhalb der Partnerschaft und umgekehrt. Es entsteht eine Abwärtsspirale, aus der es schwer ist zu entrinnen.

Eine entscheidende Rolle dabei spielen die Hormone. In der heißen ersten Liebesphase bescheren uns Hormone wie Testosteron oder der Botenstoff Dopamin eine Art Rauschzustand. Zudem produzieren wir reichlich Oxytocin, das bei liebevollen Berührungen gemächlich und beim Orgasmus in besonders hohen Dosen ausgeschüttet wird.

Das Wort Oxytocin stammt aus dem Griechischen und bedeutet »schnelle Geburt«. Es wurde so benannt, nachdem Sir Henry Hallett Dale 1906 seine wehenauslösende Funktion erkannt hatte. Kurze Zeit später wurde herausgefunden, dass Oxytocin auch für den Milcheinschuss beim Saugvorgang wichtig ist. Die Struktur von Oxytocin ist ähnlich der von Vasopressin, welches ebenfalls im Hypothalamus, einem wichtigen Hirnareal, das verschiedenste Aufgaben erfüllt, gebildet und aus dem Hypophysenhinterlappen ausgeschüttet wird. Es ist ein Hormon, das aus neun Aminosäuren aufgebaut ist. Das Wort Hormon wurde Anfang des 20. Jahrhunderts in Umlauf gebracht. Ernest Henry Starling, ein bekannter Professor für Physiologie, hielt 1905 von der königlichen Akademie der Ärzte in London die angesehenen »Croonian Lectures«. Der Originaltitel seiner Vortragsreihe lautete: »The Chemical Correlation of the Functions of the Body« (deutsch: Die chemische Wechselbeziehung der Körperfunktionen).

Gleich zu Beginn seines ersten Vortrags schlug er vor, angeblich ohne es besonders hervorzuheben, die chemischen Botenstoffe, die Informationen über den Blutweg zu verschiedenen Organen transportieren, als Hormone zu bezeichnen. Starling entschied sich für dieses Wort, weil Hormon so viel bedeutet wie erregen, antreiben und somit recht gut den Wirkmechanismus vieler Hormone widerspiegelt. Hormone sind chemische Substanzen, welche klassischerweise in hormonbildenden Drüsen, den sogenannten endokrinen Drüsen, gebildet und von dort ins Blut ausgeschüttet werden. Über den Blutweg gelangen die Hormone zu ihren Zielzellen und übertragen dort ihre Information(en). Hormone können verschiedenste Botschaften übermitteln. Dabei beschleunigen oder hemmen sie vor allem diverseste Stoffwechselreaktionen, können jedoch auch das zelluläre Wachstum beeinflussen oder zum Beispiel den Transport von Nährstoffen in die Zelle erleichtern. Hormone finden sich nur in geringsten Mengen im Blut. Diese reichen jedoch aus, lebenswichtige Funktion zu steuern.

Oxytocin ist wichtig, weil es die Bindung stärkt und unsere innere Zufriedenheit beträchtlich erhöht. Doch der Liebesrausch dauert erfahrungsmäßig häufig nur rund zwei bis drei Jahre. Verabschiedet sich mit den Schmetterlingen im Bauch gleichzeitig die Lust, den anderen körperlich zu verschlingen, berühren wir uns weniger, und in der Folge wird auch die Produktion von Oxytocin gedrosselt.

Das ist ungünstig, denn Oxytocin ist wahrscheinlich der Schlüssel zum anhaltenden Glück. Bei Säugetieren ist Oxytocin immens wichtig für die Paarbindung, das Sexual- und Sozialverhalten sowie die mütterliche Fürsorge. Es scheint auch verantwortlich für monogames Verhalten zu sein. Männliche Präriewühlmäuse etwa leben in einer lebenslangen Brutpflegegemeinschaft und kümmern sich um den Nachwuchs. Sie weisen viele Bindungsstellen für Oxytocin im Gehirn auf, vor allem in jenen Bereichen, die für Belohnungsreflexe zuständig sind. Die Wiesenwühlmaus hingegen, die weniger Bindungsstellen für Oxytocin besitzt, ist polygam, und die Männchen investieren kaum Energie in den Nachwuchs. In einer Studie wurde weiblichen Präriewühlmäusen ein Mittel, welches die Oxytocinwirkung aufhebt, injiziert. Daraufhin verbrachten sie viel weniger Zeit mit ihrem Partner.

Oxytocin wird gemeinhin als »Kuschelhormon« bezeichnet, weil es durch liebevolle Berührung produziert wird und uns gleichzeitig sanfter macht. Es ist nachgewiesen, dass Paare, die sich häufig umarmen und gegenseitig massieren, höhere Oxytocinwerte aufweisen als Paare, die das selten tun. Das hilft, Spannungen und Ärger zwischen den Paaren zu dämpfen.

Für eine Studie ließen Wissenschaftler Partner heftig streiten. Dabei gingen jene Paare, die Oxytocin mittels Nasenspray erhalten hatten, während der Konfliktsituation gesitteter und positiver miteinander um als die Paare, die ein Scheinpräparat erhalten hatten. In einer anderen Studie zeigte sich, dass Männer, die Oxytocin verabreicht bekamen, Empathiewerte erreichten, die sonst typisch für Frauen sind. Sie zeigten mehr Mitgefühl als für harte Kerle üblich.

Leider gibt es den oxytocinhaltigen Nasenspray als Eheretter (noch) nicht in der Apotheke, da über Dosierung, Nebenwirkungen und Langzeiteffekte künstlicher Oxytocingaben zu wenig bekannt ist. Im Moment können wir also nur viel miteinander kuscheln, um uns natürlich mit Oxytocin zu versorgen.

Gewohnheit lässt uns abstumpfen

Es wäre alles ganz einfach, wenn da nicht die Sache mit der Gewohnheit wäre. Friedrich Nietzsche zog gar böse über sie her: »Alles Gewohnte zieht ein immer fester werdendes Netz von Spinnweben um uns zusammen; und alsbald merken wir, dass die Fäden zu Stricken geworden sind und dass wir selber als Spinne in der Mitte sitzen, die sich hier gefangen hat und von ihrem eigenen Blute zehren muss.« Er hatte recht, Gewohnheit lässt uns abstumpfen.

Das gilt auch für Berührungen, im Großen wie im Kleinen. Um Berührungen überhaupt spüren zu können, besitzen wir, wie schon erwähnt, Sensoren in unserer Haut. Diese Sensoren reagieren sowohl auf sich verändernde als auch auf konstante Reize. Außerdem können Sensoren schnell oder langsam adaptieren. Die langsam adaptierenden kommen zum Beispiel in Muskeln, Sehnen und Gelenken vor und sind damit zuständig für Bewegungen sowie die sogenannte Tiefensensibilität, die unter anderem für die Stabilität der Körperposition im dreidimensionalen Raum verantwortlich ist.

Würden diese Sensoren schnell adaptieren, könnten wir den Boden unter unseren Füßen nicht spüren und keine gezielten Bewegungen durchführen. Das hätte fatale Auswirkungen: Wir würden ziellos und torkelnd durch das Leben »gehen«. Der bekannte Neurologe und Schriftsteller Oliver Sacks hat in dem Fallbeispiel »Die körperlose Frau« aus seinem Buch *Der Mann, der seine Frau mit einem Hut verwechselte* die Folgen eines Ausfalls der Tiefensensibilität eindrucksvoll beschrieben: Eine 27-jährige Frau, die kurz vor einer Operation stand, konnte sich ohne jegliche Vorwarnung »nur sehr unsicher auf den Beinen halten, vollführte ungelenke, rudernde Bewegungen und ließ immer wieder Gegenstände fallen«. Die Tiefensensibilität ist auch für die eigene Wahrnehmung des Körpers von großer Bedeutung. »Ich spüre meinen Körper nicht. Ich fühle mich wie verhext – als wäre ich körperlos«; sagte die Patientin verzweifelt, was auf die besondere Bedeutung dieses »sechsten Sinns« für das Körpergefühl deutet.

Im Zusammenhang mit Berührungen interessant sind die schnell adaptierenden Sensoren in der Haut, die blitzschnell reagieren, allerdings hauptsächlich auf dynamische Reize, also auf Veränderungen. Denken Sie kurz nach: Wie oft haben Sie heute schon die Hose gespürt, die Sie gerade tragen? Sitzt sie bequem, werden Sie sogar jetzt etwas Konzentration brauchen, um den Stoff wirklich an der Haut zu registrieren. Das ist natürlich gut so, statische Reize, egal ob aus taktiler, visueller oder akustischer Quelle, nehmen wir selten wahr. Die schnell adaptierenden Sensoren schützen unser Gehirn auf diese Weise vor völlig belanglosem Input. Nur wenn sich am Reiz etwas ändert, jagt der Sensor in Sekundenbruchteilen ein Signal ans Hirn.

Das bedeutet, dass auch die liebevollste Streicheleinheit auf Dauer belanglos wird, wenn sie sich nicht verändert. Aber nicht nur der Empfänger ermüdet, sondern auch der Sender.

Rühr mich nicht an

Jedem Menschen wohnt zwar ein Grundbedürfnis nach Zärtlichkeit inne, doch man kann immer nur so gut damit umgehen, wie man es von Kindesbeinen an gelernt hat. Emma ist eine gute Freundin von Anita Ericson und ein extremes Beispiel für unterdrückten Berührungshunger. Emma und Anita kennen einander seit über zwanzig Jahren, und trotzdem weiß Anita eigentlich nichts über Emmas Gefühle. Man kann alles von ihr haben, man kann sich wunderbar mit ihr unterhalten, aber man muss immer auf der Hut sein. Fühlt sie sich bedrängt, schlägt sie verbal um sich, wird zynisch, aggressiv und gemein, auch gegenüber Freunden. Sie ist so unberechenbar, dass Anita sie meist nur alleine trifft, weil sie fürchtet, sie benimmt sich in einer größeren Gesellschaft daneben. Wahrscheinlich hatte sie noch nie eine Beziehung, und vermutlich will sie das auch gar nicht. Sie hat einen regelrechten Panzer um ihre Seele gebaut, mit einem noch stärkeren Körperpanzer ringsum. Selbst in Zeiten größter Trauer ist es Anita unmöglich, Emma mit einer mitfühlenden Umarmung zu trösten. Emma ist alles Körperliche zutiefst zuwider.

So hart sie sich nach außen gibt, so unsicher und verwundbar ist sie wohl in Wirklichkeit. Emma wuchs ohne Vater auf und wurde von ihrer überforderten Mutter nur berührt, wenn es unumgänglich war, beim Füttern oder Baden etwa. Auf ihre Weise liebte Emmas Mutter ihre Tochter schon, doch sie hatte mit ihrer eigenen Vergangenheit zu kämpfen; zwei Jahre im Konzentrationslager Theresienstadt hatten sie hart gemacht. Emma fehlt daher das Vorbild. Ein Kind, das selten berührt und nie in den Arm genommen wird, das nie Zeuge von Berührungen seiner Eltern wird, sieht das als Normalzustand und praktiziert das unter Umständen sein Leben lang weiter. Berührungsarmut wird von Generation zu Generation vererbt.

Die ersten Stunden sind entscheidend

Zudem fehlt es Emma an Urvertrauen. Damit ist sie in bester Gesellschaft. Viele von uns, vor allem die mittleren und älteren Semester, sind in dieser Welt wohl von der Hebamme im grellen Neonlicht empfangen, an den Arzt weitergereicht und mit einem Klaps auf den Hintern in der harten Realität willkommen geheißen worden. Danach ging es husch, husch ins Körbchen, auf dass die Mama wieder zu Kräften komme. Erst Stunden später fand der ausgiebige Erstkontakt mit jenem Wesen statt, das uns neun Monate lang behütet hat. Stunden, die fehlen und die nicht mehr nachzuholen sind. Angelika Lessiak ist eine der besten Hebammen Wiens, sie weiß um die Bedeutung der allerersten Lebensminuten: »Die Ankunft ist prägend für ein Kind. Nimmt es die Schwester an sich, um es zu reinigen und zu wiegen und dann beiseite zu legen, ist das ein massiver Eingriff. Bei der sanften Geburt nehme ich das Kind in Empfang und warte so lange, bis die Mutter das Kind aufnimmt. Die Nabelschnur lasse ich ganz natürlich auspulsieren, es hat ungemein viel Energie, wenn sich das Kind erst abnabelt, wenn es schon in den Armen der Mutter liegt. Durch den Haut-zu-Haut-Kontakt werden die sensorischen Fähigkeiten angeregt, Herzschlag und Kreislauf stabilisieren sich, und die fremde Umgebung wird trotzdem noch als vertraut wahrgenommen. Im Idealfall wird das Kind binnen zwei Stunden nach der Geburt zum Stillen angelegt und macht so die intensivste Berührungserfahrung überhaupt. In Summe ist der Geburtsvorgang eine Übergangserfahrung, die sich tief ins Gedächtnis gräbt. Kann das Kind in diesen Minuten Vertrauen schöpfen, zehrt es sein ganzes Leben lang von diesem Wissen.«

Zahlreiche Untersuchungen untermauern Lessiaks Aussagen, nach denen intensiver Körperkontakt von der ersten Minute an wichtig ist, um eine Bindung zur Mutter aufzubauen. Der Psychologe John Bowlby war einer der ersten, der darauf bestand, dass ein Kind seine Mutter nicht nur wegen der Nahrung liebt, die es von ihr bekommt, sondern dass das starke Bedürfnis nach Nähe es zu ihr zieht. Insbesondere wenn sie allein sind, aber auch in Stresssituationen sind Babys und Kleinkinder auf der Suche nach der Mutter. Bei der Mutter können sie auftanken und Stress abbauen. John Bowlby entwickelte mit Mary S. Ainsworth die Bindungstheorie, bei der primär drei Arten der Bindung des kleinen Kindes an die Mutter unterschieden werden können. Die sichere, die unsicher-ambivalente und die unsicher-vermeidende Bindung. Bei einer sicheren Bindung gehen die Mütter verlässlich, feinfühlig und einfühlsam mit ihren Kindern um. Sie geben ihren Sprösslingen eine stabile Basis für ihr Leben und den beruhigenden Körperkontakt, den sie brauchen, so dass das Kind einen niedrigen Stresspegel aufweist.

Bei der unsicher-ambivalenten Bindung hingegen verhält sich das Kind bei Trennungen oft klammernd, ängstlich und erregt und beruhigt sich dann durch Körperkontakt bedeutend schlechter. Es kann nicht genau einschätzen, ob die Mutter eine Quelle für Stressabbau darstellt oder eher einen Ort repräsentiert, der Stress hervorruft. Die unsicher-ambivalenten Mütter reagieren nämlich oft nicht einheitlich, sondern mal mit Zuneigung und mal reserviert, so dass ihr Verhalten für das Kind nicht vorhersehbar ist.

Bei der unsicher-vermeidenden Bindung schließlich dominiert die Distanz das Mutter-Kind-Verhältnis. Das Kind wirkt autonom und sucht nicht die Nähe zur Mutter. Diese Mütter gehen häufig nicht auf die Bedürfnisse der Kinder nach Nähe und Kontakt ein. Möglicherweise ist ihnen sogar körperlicher Kontakt unangenehm. Das Kind verhält sich aufgrund der negativen Erfahrungen passiv, empfindet jedoch wahrscheinlich diese Situation als belastend und stressig.

Mäuschen allein zuhause

»Lass das Kind doch schreien. Es wird schon aufhören, wenn es merkt, es erreicht damit nichts.« Die Ratschläge unserer Großmütter an unsere Mütter waren wahrscheinlich gut gemeint. Aber gut gemeint ist bekanntlich nicht gleichzusetzen mit gut gemacht. Kinder schreien nicht aus Bosheit. Welche Gründe sie auch immer haben, es ist wichtig, ihnen die Gewissheit zu geben, dass jemand da ist, auf den sie sich verlassen können. »Auch in der Nacht sollte man für das Kind da sein – und zwar physisch, nicht bloß via Babyphone«, sagt Angelika Lessiak, die auch Beraterin junger Mütter ist. »Das kann im gleichen Bett sein oder in einem Beibett. Man muss deswegen nicht einmal sonderlich leise sein, Geräusche haben eine extrem beruhigende Wirkung. Wenn ein Kind solche Nestwärme erlebt, ist das eine wertvolle Ressource, auf die es immer wieder zurückgreifen kann. Es bekommt ein unerschütterliches Urvertrauen.«

Diese moderne Einstellung fußt auf traditionellen Methoden, die bloß unterwegs verloren gegangen sind. Noch heute haben Kinder in verschiedenen archaischen Kulturen hundertprozentigen Körperkontakt und werden keine Sekunde aus den Augen gelassen. Schreien gilt dort als Zeichen schwerster Vernachlässigung oder Krankheit. Ein weiterer wesentlicher Faktor für die gesunde Entwicklung des Babys ist das Stillen. Es liefert dem Säugling nicht nur lebenswichtige Nährstoffe und antiinfektiöse Substanzen, die ihn vor Krankheiten schützen, sondern viele wohltuende Berührungen, die für die enge Mutter- Kind-Bindung so bedeutend sind.

»Die meisten werdenden Mütter, die zu mir kommen, hören jedoch von ihrer eigenen Mutter, wie unpraktisch das sei. Man könne gar nicht mehr ausgehen, und der Busen würde hässlich«, plaudert Lessiak über ihre Schäfchen. »Bis weit in die 1980er war es üblich, möglichst schnell auf Muttermilchersatz umzusteigen.«

Wir können uns also ausrechnen, wie es um unsere eigene Bindung bestellt ist. Bindung gehört jedoch zu den psychologischen Grundbedürfnissen eines jeden Menschen. Durch eine sichere Bindung lernt das Kind seine Stellung in der Gesellschaft kennen. Kinder, die sich gut behütet fühlen, zeigen ein weniger aggressives oder gar feindseliges Verhalten gegenüber anderen Kindern. Warme Bindungen schaffen eine positive soziale Wahrnehmung und hohe soziale Kompetenz. Dazu gehören unter anderem die Fähigkeit, stabile Beziehungen zu Freunden und Lebenspartnern aufzubauen. Außerdem weisen Menschen, die viel körperliche Wärme und Liebe erfahren haben, ein hohes Selbstwertgefühl und Fähigkeit zur Empathie auf. Sie sind nicht ständig auf der Suche nach Anerkennung und Bestätigung, sondern sind in sich ruhiger und entspannter. Jemand, der in seiner Kindheit und Jugend viel Liebe erhalten hat, kann sie im späteren Leben weitergeben. Menschen, die als Kinder viel berührt, umarmt oder liebkost wurden, haben oft mehr Selbstvertrauen und unter Umständen bessere Beziehungen als diejenigen, die wenig berührt wurden.

Die Entwicklungspsychologin Heidi Keller aus Osnabrück, die mittels Videoaufnahmen erforscht, wie Mütter und Väter mit ihren Kindern in Deutschland, Afrika und Indien umgehen, meint, dass »bei uns Kinder in Bezug auf Körperkontakt am unteren Limit oder darunter« liegen. Sie sind sozusagen armutsgefährdet, was ihre taktilen Reize betrifft. Die Selbstständigkeit der Kinder werde zwar gefördert, aber die Geborgenheit komme zu kurz. Wir legen also schon in jüngsten Jahren den Grundstein zu der Berührungsarmut in unserer westlichen Welt. Wenn wir nicht in einem berührungsfreundlichen, positiven Umfeld aufwachsen, sind wir später Körperkontakten gegenüber nicht so aufgeschlossen wie jemand, der viel berührt wurde. Wir messen dem dann keine Bedeutung bei, geben diese Einstellung weiter und haben selbst massive Probleme, uns die Berührungen zu holen, die uns so gut täten. Es gibt genügend Fälle aus der Praxis, die das belegen. Eine meiner Kolleginnen, sie ist Psychiaterin und Psychotherapeutin, schätzt, dass etwa jeder dritte ihrer zahlreichen Patientinnen und Patienten unter Berührungslosigkeit oder Berührungshunger leidet.

Grenzen setzen

»Der erste Schrei ist der Schrei nach Zärtlichkeit«, das meint auch Dr. Reinhard Topf, Chefpsychologe im St. Anna Kinderkrankenhaus. Er gibt allerdings zu bedenken, dass mit dem Älterwerden der Kinder ihr Berührungsbedarf sinkt: »Mit weniger Berührungen auszukommen ist ein Zeichen von Reife und Entwicklung.« Im Normalfall spüren die Kinder das selbst und rennen nicht mehr ständig zur Mama oder zum Papa, um geherzt zu werden oder um »Hoppe-Hoppe-Reiter« zu spielen. Es gibt jedoch auch Phasen, in denen das Kind wieder in ein früheres Stadium zurückfällt. Hier ist es an den Eltern, Grenzen zu setzen. »Wenn ein Kind mit sechs Jahren noch gestillt wird, muss man sich fragen: Wer braucht das? Das Kind oder die Mutter? Eltern neigen dazu, ihre Bedürfnisse auf ihre Kids zu projizieren. Doch ein Kind braucht Grenzen, auch in der Körperlichkeit. Ein Zehnjähriger, der seine Mama ständig abschmust, weigert sich offenbar, erwachsener zu werden. Dann muss die Mama eben erklären, dass das so nicht geht«, so Topf. In der Pubertät wird dann alles neu definiert, und die meisten Teenager grenzen sich von ihren Eltern auch körperlich ab. Topf: »Manchmal fallen Teenager aber auch in eine infantile Phase zurück. Sie wollen noch einmal so richtig kuscheln, um sich ein letztes Mal die unbeschwerte Kindheit zurückzuholen. Auch hier ist es an den Erwachsenen, dem Einhalt zu gebieten.«

Berührungsängste

Liebevolle Berührungen sind die Süße unserer Existenz. Aufgezwungene Berührungen sind der bittere Lebertran in unserem Leben: das Bussi für Onkel Egon, der fand, Knoblauch sei gut fürs Gedächtnis; die Umarmung von Tante Steffi, der Kettenraucherin Marke A3 filterlos; das grobe Grapschen nach der Schulter, um schnellstens aus dem Weg geschoben zu werden. Es ist kein Wunder, dass wir als Erwachsene alle Berührungsphobien entwickelt haben. Das macht uns das Zusammenleben nicht gerade einfacher.

»Ich hatte keine Ahnung, was da schief gelaufen war. Ich war bereits ein paar Mal mit Anna ausgegangen und hatte den Eindruck, wir könnten uns ineinander verlieben. Wir kicherten wie die Teenager, wir blickten uns tief in die Augen, wir hielten beim Begrüßen einen Tick zu lange die Hand des anderen. Es war ein prickelnder Flirt. Als wir eines Tages spazieren gingen, wollte ich Anna auf ein witziges Plakat aufmerksam machen. Ich nahm das als Anlass, in unserer zarten Beziehung ein Stück weiterzukommen, und griff sanft nach ihrem Oberarm. Fast wäre es damit aus gewesen. Sie rückte sofort von mir ab, als ekelte es sie vor mir, warf mir eine bissige Bemerkung hin und war für den Rest des Nachmittags nicht ansprechbar. Ich verstand die Welt nicht mehr, ich wäre im siebten Himmel gewesen, hätte sie mich so berührt. Glücklicherweise wurde aus uns trotzdem ein Paar, und irgendwann kam das Gespräch wieder auf diese Stunde. Da kamen wir drauf, dass sie wohl aus Reflex so gehandelt hatte. Ihre überfürsorgliche Mama zerrte sie stets am Oberarm von all jenen Dingen weg, die sie so spannend, die Mutter jedoch so bedrohlich fand.«

Es sind nicht nur die großen Gesten, die hartnäckig im Gedächtnis haften bleiben. Selbst scheinbar unwichtige Dinge geraten nicht in Vergessenheit. Anna hat mit Sicherheit keinen dauerhaften Schaden durch das Verhalten ihrer Mutter erlitten, diese spezielle Geste trotzdem als unangenehm in ihren Körpererinnerungen festgehalten. Wäre Anna vom Vater geschlagen worden oder ein Missbrauchsopfer gewesen, würde sich das viel deutlicher ausdrücken. Anna wusste in der oben beschriebenen Situation nicht einmal selbst, warum sie sich plötzlich so bedrängt fühlte. Anna und Thomas lachen heute gerne über diese kleine Anekdote aus ihrer Kennenlernphase und haben auch bei Thomas eine Erinnerung ausgegraben: Er denkt an seine liebe Oma, die ihm die mit Marillenmarmelade gefüllten Palatschinken stets mit einem leichten Streicheln am Oberarm serviert und dazu gesagt hat: »Iss nur Bub, damit was wird aus dir.«

Es gibt genug Menschen, die sich einerseits nach körperlicher Nähe sehnen, andererseits aber Angst davor haben. Berührungen stellen für sie aus ihrer eigenen Berührungsgeschichte heraus teilweise eine Bedrohung dar. Sie bekommen bei zärtlichem Körperkontakt ein ungutes Gefühl und fühlen sich oft in die Enge getrieben. Sei es, weil sie eine bestimmte Berührung früher als unangenehm erlebt haben, sei es, weil sie als Kind nicht liebevoll umarmt, sondern vielmehr beklammert wurden. Sie müssen erst lernen, berührt zu werden. In Körperkontakt zu treten klingt zwar unglaublich einfach, aber für viele bedarf es einer enormen Überwindung, das zuzulassen. Die Hand geben, einfach im Arm gehalten und umarmt werden, das ist für viele Menschen nicht leicht. Aber man kann es lernen – wie Bertram, ein Arbeitskollege einer Bekannten:

»Ich war immer eher berührungsscheu, typisch Mann eben. Bis ich mich in Julia verliebte. Sie war eine extrem haptische Frau, die Berührungen regelrecht absorbierte. Ihre Mutter hatte schon in ihrem Babytagebuch vermerkt, dass Julia ganz besonders nach Zärtlichkeit verlangte. Dieses Verlangen war ihr als Erwachsene geblieben, und wir tasteten uns allmählich aneinander. Sie brachte mir bei, wie sehr auch ich Berührungen genießen kann und wie schön es ist, welche zu spenden. Die Beziehung ging zwar trotzdem in die Brüche, doch der Einfluss auf mein weiteres Leben war entscheidend.« Bertram ist heute im Kollegenkreis bekannt als einer, der gerne mal freundschaftlich auf die Schulter klopft.

Männer brauchen viel Zärtlichkeit

Bertram hat es mit seiner Aussage auf den Punkt gebracht: »Typisch Mann« bedeutet vielfach: berührungsscheu. Das ist wiederum ein Produkt aus der Kindheit. Kleine Mädchen mit blonden Locken werden viel eher geherzt, gedrückt und liebkost als junge Knaben, denen man nach wie vor ihre Rolle als echter Indianer, der »keinen Schmerz kennt«, mit auf den Lebensweg gibt.

Selbstverständlich gibt es Männer, die Sonnenuntergänge romantisch finden und die bei Schnulzenfilmen Tränen vergießen. Aber ein wenig dieses Stereotyps steckt in fast jedem von uns. Kaum ein Mensch hat von sich aus die Kraft, all das hinter sich zu lassen, was ihm von Kindesbeinen an eingetrichtert wurde. Zudem hinkt auch die Evolution unserer Zeit hinterher. Sie versorgt den Mann nach wie vor mit Hormonen, die ihm die Jagd nach dem Wild erleichtern, das es schon längst in jedem Supermarkt zu kaufen gibt, während sie Frauen das Mütterliche in die Wiege legt. Das Ernähren der Kinder, das Geben von Geborgenheit und Wärme gehören klassischerweise zu den weiblichen Aufgaben, für die sie von Natur aus prädestiniert sind. Ist ein Kind von Geburt an nicht richtig gepolt, spielt etwa der kleine Mario mit Puppen oder rangelt die süße Marion gerne, bringt die wohlmeinende Familie das rechtzeitig vor der Pubertät in Ordnung. Erstaunlich selten wird beachtet, dass wir mitnichten in der Steinzeit, sondern im 21. Jahrhundert leben, wo auch Männer sanft und Frauen energisch sein dürfen.

Damit haben Männer im Allgemeinen weniger positive Berührungserfahrung, obwohl das Bedürfnis danach unabhängig vom Geschlecht ist. Männer haben uneigennützige Zärtlichkeit seltener erlebt und wissen folglich weder, was sie versäumt haben, noch, wie sie selbst gefühlvoll berühren. Liebevolles Kuscheln wird eher zweckgebunden eingesetzt, denn Mann weiß, dass er so am ehesten zu Sex kommt. Die eigenen Bedürfnisse nach Geborgenheit sind von Kindheit an oft unterdrückt und kommen nicht selten erst nach Jahrzehnten zum Ausdruck. Steckt der typische Mann in der Midlife-Crisis, fällt es ihm wie Schuppen von den Augen, dass seinem Leben etwas fehlt.

Vanessa arbeitet als Prostituierte, und sie ortet ein hohes Zärtlichkeitsbedürfnis, das jedoch so ungeschickt eingefordert wird, dass nicht-professionelle Frauen eher die Flucht ergreifen, als sich darauf einzulassen: »Natürlich kommen die meisten Kunden zu mir, weil sie einfach Sex haben wollen. Die sparen oft wochenlang auf einen Termin. Aber ich habe auch sehr viele Kunden, die eher Zärtlichkeit suchen. Meistens weiß ich schon, wohin die Reise führt, sobald ich die Tür aufmache. Steht ein tadellos gekleideter Mann in Anzug und Krawatte vor mir, dem man ansieht, dass er in einer hohen Position ist, ist die Wahrscheinlichkeit hoch, dass der bloß gestreichelt oder massiert werden will. Sie ahnen ja gar nicht, was das für Schleusen öffnet. Anfänglich zucken die Kunden oft bei jedem liebevollen Streicheln ein wenig abwehrend zusammen, doch wenn sie sich dann hingeben, bricht meist auch ein Wortschwall aus ihnen heraus. Da komme ich mir manchmal wie eine Therapeutin vor, wenn sich ganze Lebensgeschichten vor mir ausbreiten. Solche Männer sind entweder einsame Leitwölfe oder seit Jahrzehnten verheiratet. Ich höre dann immer die gleichen Sätze wie: ›Meine Frau und ich leben zwar unter einem Dach, sind uns aber so fremd geworden, dass wir keine Zärtlichkeiten mehr austauschen‹ oder ›Wir haben schon längst getrennte Schlafzimmer und ich weiß gar nicht mehr, wie sich meine Frau anfühlt.‹«

Männer ticken aber auch anders, empfinden manche Berührungen positiv, die von Frauen eindeutig negativ gewertet werden. In einer der ersten Studien zu geschlechtsspezifischen Unterschieden im Berührungsverhalten wurde die Reaktion auf verschiedene Arten der Berührung durch fremde Personen gegenteiligen Geschlechts untersucht. Frauen empfanden Berührungen in den intimeren Zonen wie Bauch, Oberschenkel, Gesäß und Brustbereich durchweg als unangenehm. Je mehr sie mit der Berührung sexuelle Absichten assoziierten, desto angewiderter waren sie. Viele Männer hingegen beurteilten Berührungen von fremden Frauen als angenehm, und je stärker sie damit sexuelle Annäherung verknüpften, desto mehr genossen sie es.

Finden die Berührungen nicht zwischen fremden Personen, sondern zwischen Partnern statt, empfinden Frauen Berührungen in ihren intimeren Zonen sogar nicht selten angenehmer als ihre jeweiligen Männer. An dem Vorurteil, dass Männer ständig auf der Jagd sind, ist also durchaus etwas Wahres dran. Wahrscheinlich nicht wenige würden sich von unbekannten Frauen gerne in intimen Zonen berühren und ihrer Phantasie dabei freien Lauf lassen. Sie würden indes einen gravierenden Unterschied zwischen Spaß und Ernst machen; eine hemmungslose Draufgängerin wäre vielleicht gut für eine kurze, erotische Geschichte, zum Heiraten würden sie sich jedoch eine andere suchen.

Homo sapiens 2.0

Unsere Gesellschaft hat sich in den letzten vierzig Jahren dramatisch verändert. Wir sind freier als je zuvor, doch der Preis, den wir dafür zahlen, ist die soziale Isolation. 1971 lebten in Österreich 5,4 Prozent der Männer und 12,1 Prozent der Frauen allein. Mittlerweile liegt die Quote der alleinlebenden Männer bei 14,6 Prozent und der Frauen bei 17,8 Prozent, Fast jede zweite Ehe endet vor dem Scheidungsrichter. Gründe dafür sind der gesellschaftliche Umbruch und die Tatsache, dass wir immer älter werden. Die Frau, zumal in der Stadt, ist wirtschaftlich unabhängig, und ein Neuanfang rechnet sich heute auch noch mit fünfzig Kerzen auf der Geburtstagstorte. Bei einer Lebenserwartung von rund achtzig Jahren reicht es noch einmal für ein völlig neues Leben.

»Ich bin jung, glücklich und single«, lautet das Credo, das frappant an die Fabel vom Fuchs erinnert, dem die Trauben zu hoch hängen, denn Partnerbörsen im Internet boomen. Früher ist man sich beim Tanzen näher gekommen, hat im Café versucht, wie zufällig nach der Hand der Traumfrau zu greifen, hat beim Flanieren im Freundeskreis den Schwarm mit dem Arm geschubst oder ist im schützenden Kinodunkel aneinander gerückt. Mit der körperlichen Anziehungskraft kam die emotionale Nähe.

Heutzutage läuft das genau umgekehrt. Man lernt sich auf einer Partnerbörse im Netz kennen und tauscht sich ewig und drei Tage lang über weltbewegende Themen und private Vorlieben aus. Man weiß, wie der potentielle Kandidat seinen Kaffee am liebsten trinkt und zittert dennoch vor dem ersten Date, weil man schon die Erfahrung gemacht hat, dass erst die körperliche Präsenz den berühmten Funken überspringen lassen kann. Oder eben nicht. Einmal mehr enttäuscht heißt es, zurück an den Start, Ärztin 42 ist wieder online.

Die Welt ist zum Dorf geworden. Wer heute in Wien lebt, zieht morgen schon nach München. Jeder richtet sich nach den eigenen Befindlichkeiten, das Stipendium, das Post-Graduate-Studium, die Ausbildung in einem Konzern, der lukrative Posten bei einem internationalen Multi. Karriere steht in Rankings oft vor der Partnerschaft. Man lernt sich in Mailand kennen, nur um nach wenigen Monaten Tausende Kilometer voneinander entfernt zu studieren oder zu arbeiten. Mindestens 10 Prozent aller Beziehungen werden mittlerweile auf Distanz geführt, bei Akademikern ist dieser Anteil deutlich höher. In diesen Kreisen gilt eine Fernbeziehung, zumindest für einige Jahre, als normal.

Es gibt bereits eine neudeutsche Bezeichnung dafür: LAT – *living apart together*. Ein typischer Erfahrungsbericht: »Jedes zweite Wochenende pendle ich von Wien nach Innsbruck, weil meine Freundin dort lebt, die ich bei einem Praktikum in Graz kennengelernt habe. Die anderen Wochenenden reist sie zu mir. Wir sind beide momentan in Ausbildung und ortsgebunden. Das wird sicher noch ein, zwei Jahre so bleiben. Ich darf gar nicht darüber nachdenken, wie viel Energie wir in das Hin- und Herfahren stecken, aber es tut so unendlich gut, wenn wir uns nach einer langen Woche endlich wieder im Arm halten. Wir telefonieren zwar täglich lange miteinander, doch ihre körperliche Gegenwart fehlt mir schon sehr im Alltag. Es fehlt mir, sie beim Einschlafen zu spüren oder ihr beim Aufwachen übers Haar zu streichen.«

Die Daniel Düsentriebs dieser Welt arbeiten bereits intensiv an technischen Lösungen für das Distanzproblem. Ganzkörper-Beamen ist noch nicht möglich, aber zumindest die Berührung lässt sich bereits transportieren. Das inTouch etwa ist ein aus drei Rollen aufgebautes System. Wenn man mit seiner Hand über die Rollen fährt, werden gleichzeitig die Rollen des Kommunikationspartners am anderen Ende der Leitung bewegt und somit taktile Reize übertragen. Ein noch größerer Hit verspricht das Hug-Shirt, das Umarmungsshirt, zu werden. Es wurde vom *Time Magazine* als eine der besten Erfindungen des Jahres 2006 ausgezeichnet. Hug-Shirts haben an verschiedenen Stellen Drucksensoren und elektromechanische Wandler eingearbeitet. Zieht man so ein Hug-Shirt an und umarmt sich damit, werden über Bluetooth und Handy die Bewegungen an das Handy des Partners und von dort an dessen Hug-Shirt gesendet, das diese Umarmung reproduziert. So ist es möglich, über lange Distanzen zu kuscheln. Definitiv originell, aber ein bisschen schaurig ist das auch. Denn gleichzeitig verkümmern unsere anderen Sozialkontakte.

Es ist geradezu grotesk, dass wir unsere Erscheinung hegen und pflegen – die Muskeln aus dem Fitnesstempel, die Kunstharznägel aus dem Studio, das makellose Gesicht von Dr. Schön – und uns in unserer vollen Pracht nur selten zeigen. Uns fehlt die Zeit auszugehen, und wir haben es uns in der Cyberwelt gemütlich eingerichtet. Im Handumdrehen zählen wir 299 Freunde, die an unserem ereignisreichen Leben – »koche gerade Nudeln« – teilhaben. Das Tennismatch von gestern, mit aufmunterndem Schulterklopfen und jubelnden Umarmungen, wird heute auf Facebook nachgespielt. Wir schäkern nicht mehr mit der Bedienung im Biergarten, weil wir uns die Flasche aus dem Kühlschrank angeln, um sie beim neuesten Computerspiel hinunter zu zischen. Unseren Freunden gratulieren wir nicht mehr per freudiger Umarmung zur erreichten Beförderung, wir schicken stattdessen ein Smiley. Wir stehen auch nicht mehr in der Schlange, um den brandneuen »Harry Potter« druckfrisch zu ergattern, sondern wir bestellen das Buch unkompliziert bei Amazon. Wir sind in der Arbeit so gestresst, dass wir es in unserer Freizeit weidlich ausnützen, nicht mehr aus dem Haus zu müssen. Wozu auch, wir sind doch auch so immer und überall connected und somit hautnah am Puls der Zeit. Dabei geht es an uns vorüber, dass wir der realen Begegnung nicht mehr nur einen Schritt hinterher sind, sondern gleich zwei. Wir haben uns von der Lebensbühne an den Laptop zurückgezogen und greifen nicht einmal mehr zum Telefon, um uns mitzuteilen. Wenn wir etwas zu sagen haben, tun wir unser Anliegen per Statusmeldung kund.

Eine verlockende, unsichtbare Hülle aus Mikrochips, Leitungen, ein Netz aus Kommunikationsströmungen, das von den großen Elektronikkonzernen erschaffen wurde, umgibt uns und verhindert, ohne dass es uns richtig bewusst wird, jeglichen Körperkontakt. Unsere Hände und Finger mit den hochempfindlichen Tastsensoren berühren nicht andere Hände, nicht eine andere warme Haut, sondern kleine Tasten auf ergonomischen Keyboards und Bildschirme aus Flüssigkristallen. Das Wort Touch, Berührung, wird daher heutzutage vor allem in Zusammenhang mit Touchscreens verwendet. Der Finger gleitet unermüdlich über den kleinen Bilderschirm aus kalten Berührungssensoren und Schichten aus Polyester, Indiumzinnoxid und Halbleitern. Rauf und runter, nach rechts und links, kreisend, begierig danach, sich Information und Spaß zu beschaffen. Der Touchscreen ist zu einer ernstzunehmenden Bedrohung für unsere nach Berührungen lechzende Haut geworden. Wenn nur 10 Prozent der Energien und Zeit, die für Berührungen des Touchscreens draufgehen, für eine Haut aus Fleisch und Blut investiert werden würden, könnte so viel Gutes bewirkt werden. Ein sanftes Streichen der Finger über den Arm des Partners bringt tausendmal mehr (nicht nur für den, den man berührt), als man jemals von einem leblosen, elektronischen Kasten bekommen kann. Überlegen Sie sich einmal, wie viel Zeit Sie für das Berühren von Touchscreens, Handy- und Computertasten, diversen Fernbedienungen im multimedialen Wohnzimmer verwenden und wie viel Zeit für zwischenmenschliche Berührungen bleibt?

Die Arbeitswelt ist ebenfalls durcheinander gewürfelt. Für Teleworking, neue Selbständigkeit oder freiberufliche Projektarbeit brauchen wir selbst in der Arbeitszeit das Haus nicht zu verlassen. Ist der Chef zufrieden, schickt er ein Smiley. Aber auch am guten, alten Arbeitsplatz ist das Klima rau geworden. Wirtschaftskrisen und auf maximalen Gewinn ausgerichtete Unternehmensstrategien bescheren uns Verlustängste um den Arbeitsplatz, die in Mobbing gipfeln können. Das verleidet immer mehr Menschen den täglichen Gang ins Büro. Aus lieben Kollegen, mit denen man nach Arbeitsschluss noch einen trinken geht, sind erbitterte Konkurrenten geworden, die man argwöhnisch beäugt.

Mit all dem nähren wir unsere sozialen Phobien. Wir entwickeln eine Scheu vor sozialen Interaktionen wie Begegnungen mit Fremden oder Kontakten mit dem anderen Geschlecht. Das kann skurrile Blüten treiben, wie ein Autor erzählte: »Von September bis April bin ich ein öffentlicher Mensch. In dieser Zeit promote ich mein neues Buch und recherchiere für mein nächstes. Das bringt Hunderte Begegnungen mit sich, die mir meist Freude bereiten. Von April bis September ziehe ich mich wieder vollständig zurück, um an meinem nächsten Werk zu schreiben. Dieser Übergang fällt mir leicht. Umgekehrt jedoch habe ich jedes Jahr Anlaufschwierigkeiten. Wenn ich im Herbst das erste Mal wieder bewusst unter Menschen gehe, kommt es mir total komisch vor, jemandem die Hand zu geben. Anfangs muss ich mich dazu regelrecht überwinden.«

So schnell kann es gehen. Schleichend kann das uns allen passieren, je weniger direkten Kontakt wir zu unseren Mitmenschen haben, desto unsicherer werden wir. Ist die Angst, nicht den richtigen Ton zu treffen, einmal da, ziehen wir uns noch mehr zurück mit dem Ergebnis, dass wir nach und nach verlernen, uns unbeschwert unter unseresgleichen zu bewegen. Immer seltener begegnen wir einander real und damit körperlich, stattdessen kommunizieren wir über zwei oder drei Ecken. Wir laufen Gefahr, in einem der wesentlichsten Bereiche unserer

Existenz auszuhungern, und merken es oft nicht einmal. Auf den Punkt gebracht: Uns fehlt etwas, aber wir wissen nicht, was es ist.

Die Liebe in der Familie

Mit den modernen urbanen Lebensmustern haben sich auch die familiären Strukturen binnen kürzester Zeit dramatisch verändert. Die Großfamilie gibt es in unseren Breiten faktisch nicht mehr. Noch vor zwei Generationen lagen Geschwister in einem Bett, die Mutter war zu Hause, die Großmutter in der Nähe und darauf eingestellt, ihre Tochter zu unterstützen. Die Kinder wurden optimal betreut. Berührungen standen auf der Tagesordnung, sie waren automatisch Teil des Lebens wie das gemeinsame Essen. Heutzutage sind die Menschen zunehmend auf sich alleine gestellt. Oft ist maximal ein Kind erwünscht, damit Frau so bald als möglich wieder ins Berufsleben einsteigen kann.

Insbesondere auch die älteren Menschen leiden unter dem krassen Wandel. Sie haben es vielleicht noch schwerer, denn sie können sich nicht mehr anpassen. Dank der hochmodernen Medizin werden wir immer älter. Allerdings verlieren wir mit jeder OP, mit jeder Krankheit ein wenig unserer einstigen Vitalität. Früher oder später kommt für jeden der Punkt, an dem er zugeben muss, gebrechlich zu sein und es aus eigener Kraft nicht mehr zu schaffen. Die Kinder sind mit ihrem eigenen Leben beschäftigt, und so platzen Senioren- und Pflegeheime aus allen Nähten. Das Personal ist überfordert und überlastet, die Alten und Kranken werden zwar medizinisch versorgt, bleiben darüber hinaus jedoch nicht selten sich selbst überlassen.

Eine besonders sensible Gruppe sind Pflegebedürftige und Demenzpatienten. Häufig sind sie in ihrer verbalen Kommunikation eingeschränkt, und Berührungen wären wichtig, damit sie weiter an der Welt teilhaben können. Studien haben gezeigt, dass sich durch fürsorgliche Berührungen sowohl ihre Lebensqualität und ihr Wohlbefinden als auch ihr Gesundheitsstatus verbessert. Möglicherweise sprechen ältere Menschen auf Körperkontakt noch stärker an als jüngere Erwachsene, weil viele Senioren schon lange an Berührungsdefiziten leiden und ihr Körper jegliche Form von angenehmen taktilen Reizen wie ein Schwamm in sich aufsaugt. Die latente Berührungsarmut des langen Lebens kann bis zur absoluten Berührungslosigkeit gehen. Der Partner ist gestorben, Freunde und Bekannte folgen ihm nach, die eigenen Kinder wohnen weit entfernt, und die Enkel scheuen vor der faltigen Haut zurück. Suchen alte Menschen nach Halt, bleibt ihnen oft nur, nach der Schwester oder dem Arzt zu tasten.

In Indien wird man möglicherweise als Paria geboren. Parias (oder auch Dalit) gelten als unberührbar, da sie jeden, der gesellschaftlich über ihnen steht, mit einer einzigen Berührung verunreinigen würden. Das kann sogar so weit gehen, dass man selbst den Kontakt mit ihrem Schatten meidet. Bei uns wird man am Ende des Lebens schnell zum Paria.

Distanz und Nahkultur

Für unseren Berührungshaushalt und damit auch für unsere Berührungsarmut sind wir zu einem Teil selbst verantwortlich. Doch wir sind auch ein Produkt unserer Umwelt und mithin nicht an allem allein schuld. Lassen wir den Moderator Oliver Baier seinem Rateteam der ORF-Sendung »Was gibt es Neues« eine Frage stellen: »Warum holte man in einem noblen Reitclub in São Paulo einen Tischler, um die Brüstung der Veranda zu erhöhen?« Welcher

Grund fällt Ihnen dafür ein? Welcher Grund, der ausgerechnet in einem Buch über Berührungen Platz findet? Ich vermute, dass Sie da nicht draufkommen.

Hier also die Auflösung: Brasilianer gehen gerne auf Tuchfühlung. In einem freundschaftlichen Gespräch rücken sie dicht aneinander und berühren sich häufig. Davon konnte ich mich persönlich während der Fußball-WM 2014 in Brasilien überzeugen. Nordamerikaner und Briten wiederum huldigen der Distanz. Wenn nun ein Brasilianer und ein US-Amerikaner im Stehen miteinander parlieren, kann es zu einer folgenschweren Wanderung kommen. Der Amerikaner ist darauf bedacht, eine Armeslänge Abstand zu halten. Das ist dem Brasilianer zu unpersönlich, und er kommt näher. Das veranlasst natürlich den Amerikaner, die in seinen Augen angemessene Distanz wiederherzustellen, und er weicht zurück, worauf der Brasilianer wieder aufholt, und so fort. So passierte es in diesem eleganten Club immer wieder, dass Nordamerikaner rücklings über die Brüstung stürzten.

Verschiedene Kulturen haben unterschiedliche Auffassungen von Privatsphäre. Man spricht von Distanz- und Nahkulturen. Lateinamerikaner, Afrikaner, Araber aber auch Südeuropäer sind sehr berührungsfreudig, Mittel- und Nordeuropäer, Nordamerikaner und viele Asiaten hingegen sind auf Distanz bedacht. Besonders zurückhaltend zeigen sich Engländer und Japaner. Der kanadische Psychologe Sidney M. Jourard wollte es in den 1960er Jahren genau wissen. Er durchstreifte die Cafés von Amerika, England, Frankreich und Puerto Rico und zählte dabei gewissenhaft, wie oft sich Gesprächspartner im Laufe einer Stunde berührten. Am längsten war seine Strichliste in Puerto Rico, es fanden sage und schreibe 180 Berührungen im Laufe eines einstündigen Zusammensitzens statt.

Das sind drei Berührungen pro Minute! In Frankreich kam er auf 110 Berührungen pro Stunde, in den USA auf zwei, und in England blieb seine Liste leer: Die Menschen berührten sich gar nicht. Man kann sich gut vorstellen, wie bedrängt sich ein Engländer in Puerto Rico fühlen muss – und wie einsam ein Puerto Ricaner in London. Eine Studie bei italienischen, US-amerikanischen und deutschen Paaren zeigte, dass sich italienische Paare deutlich öfter berührten als Paare aus den anderen beiden Ländern. Die bekannte Berührungsforscherin Tiffany Field aus Florida beobachtete weiters, dass französische Eltern viel öfter mit ihren Kindern Körperkontakt pflegen als beispielsweise US-amerikanische Eltern. Die französischen Kinder dankten es ihren Eltern mit einem geringeren aggressiven Verhalten, wohingegen jugendliche Zwölfjährige aus den USA bei Hautkontakt eher Aggression als Zuneigung verspürten. Pariser Jugendliche zeigten sich ihren Altersgenossen gegenüber berührungsfreundlich, die amerikanischen Jugendlichen fummelten lieber an sich selbst herum.

Menschen in berührungsfreundlichen Kulturen stufen Angehörige von berührungsarmen Kulturen wie traditionellerweise Deutsche oder Briten eher als kühl und distanziert ein, während umgekehrt Südländer als temperamentvoll und gelegentlich distanzlos klassifiziert werden. Je weiter man in den Süden kommt, desto stärker schrumpfen die zwischenmenschlichen Distanzen.

Was sind Faktoren, die das Berührungsverhalten einer Kultur bestimmen? Wenn man sich den Weltatlas vor Augen hält, wird man schnell feststellen, dass berührungsfreundliche Kulturen näher zum Äquator angesiedelt sind als berührungsarme Kulturen. Demnach scheinen klimatische Verhältnisse eine besondere Rolle zu spielen. Jeder kennt die positive Wirkung von Sonnenlicht auf das Gemüt. Im Sommer sind viele Menschen besser gelaunt und entspannter. Ab November hingegen leiden bei uns nicht wenige an dem Winter-Blues. Melancholie und depressive Verstimmungen bewirken einen innerlichen Rückzug. Zusätzlich werden durch die kühle, getrübte Wetterlage soziale Aktivitäten, insbesondere in der Freizeit an frischer Luft, zurückgeschraubt. Beides verhindert verständlicherweise häufige taktile zwischenmenschliche Kontakte. Hinzu kommt, dass bei kühlen Temperaturen weniger freie Hautfläche für Berührungen zur Verfügung steht. Nackte Haut ist einladend, wohingegen drei Lagen dicke Kleidung nicht nur effizient vor Kälte, sondern auch vor Berührungen schützen.

Außerdem können Menschen, die in warmen Zonen leben, dem Wechsel der Jahreszeiten ungezwungener entgegensehen als diejenigen, die karge, lange Winter vor sich haben. Letztere erfordern eine gewisse Planung und Vorbereitung wie zum Beispiel das Beschaffen von Nahrung oder Brennstoff zum Heizen. Das Leben muss teilweise strukturierter ablaufen, wenn die Menschen gut durch den Winter kommen wollen. Daher ist das Verhalten von Nordländern eher vernunftorientiert und auf das Leben unter schwierigen klimatischen Bedingungen angepasst.

Schließlich spielt auch die Ausprägung von Individualismus oder Gemeinschaftssinn in einer Gesellschaft eine wesentliche Rolle im Berührungsverhalten. Unsere leistungsorientierte Kultur ist eher geprägt von Selbstständigkeit und Unabhängigkeit. Selbstverwirklichung und Individualismus ist ein erstrebenswertes Gut und wird bereits den Kindern vermittelt. In vielen nordeuropäischen Ländern, die bekanntermaßen berührungsärmer sind, werden über Achtzehnjährige recht bald aus dem Haus geworfen und ins Ausland geschickt, um Autonomie zu erlangen und um sich bessere Voraussetzung für eine berufliche Karriere zu schaffen. Im Gegensatz dazu haben der Gemeinschaftssinn, die Familie und sozialen Aktivitäten in vielen berührungsfreundlichen Ländern eine übergeordnete Bedeutung. Das Paradebeispiel ist Italien, wo Männer noch lange bei beziehungsweise in der Nähe der Mama leben. In der Türkei ist es auch nicht unähnlich. Die Mama und die Familie haben einen großen Stellenwert.

Es war einmal

Früher gab es auch bei uns eine Nahkultur. »Und wenn es vorkommt, dass Du im Bett liegst nach dem Abendessen, um die Köstlichkeit menschlichen Ausruhens zu genießen, über die wir uns freuen, dann halte, wenn neben Dir jemand liegt, vorsichtig alle Deine Glieder gerade. Strecke Dich aus und achte seinen Platz, um ihn nicht zu verärgern. Du solltest seine Glieder nicht aufdecken dadurch, dass Du Dich hin und her bewegst oder verschiedene Drehungen machst«, steht in einer Benimmfibel, herausgegeben im Jahr 1555 in Lyon. Ein Reiseführer aus Rouen, erschienen 1729, rät gar: »Wenn man auf einer Reise durch eine unumgängliche Notwendigkeit gezwungen ist, mit jemandem gleichen Geschlechts in einem Bett zu schlafen, ist es nicht anständig, seine Beine zwischen diejenigen der Person zu legen, mit der man im Bett liegt.«

In den engen räumlichen Verhältnissen der breiten Masse war früher kein Platz, um auf Distanz zu gehen. In der Bauernstube saß man dicht gedrängt Ellbogen an Ellbogen um den Esstisch, und ging man ins Bett, gab es nur ein einziges für die ganze Familie. Die Menschen von damals waren ohnehin viel zu sehr damit beschäftigt, ihr Leben auf die Reihe zu bekommen, als dass sie es sich hätten leisten können, zimperlich zu sein. So hat es ihnen zwar nicht am Körperkontakt gemangelt, doch die liebevolle Zuwendung, die einer Berührung erst ihre Qualität verleiht, fehlte dabei nahezu gänzlich. »Es waren ungleich brutalere Zeiten«, erklärt Professor Helmut Kuzmics, Soziologe an der Universität Graz. »Ich bin davon überzeugt, dass Missbrauch früher epidemisch war. Wo man doch ganz offiziell mit Kindern rüde umging. Am Land verpasste man ihnen etwa gerne einen Steckwickelverband, der sie so einschnürte, dass sie sich kaum bewegen konnten. Damit waren sie bei der Arbeit nicht im Weg.« Auch der Sex hatte wenig von dem, worüber sich heute Frauenzeitschriften und Männermagazine seitenlang auslassen. Es ging wohl vielerorts nach dem Motto: Hemd auf, rein und durch.

Die Scham- und Peinlichkeitsschwelle war außerdem viel niedriger als heute. Die Notdurft wurde auf der Straße verrichtet, beim Essen war es üblich, gemeinschaftlich aus einem Glas zu trinken, und wer spucken wollte, tat das ganz einfach. Kuzmics: »Dem Hof von Versailles haftet beispielsweise kein guter Ruf an. Liselotte von der Pfalz, die Schwägerin Ludwigs XIV., die im Prinzenflügel wohnte, empörte sich in einem Brief: ›An eine schmutzige Sach kann ich mich hier am Hof nicht gewöhnen, nämlich dass alle Leute in den Galerien vor unsern Kammern in alle Winkel p… und dass man nicht aus seinem Appartement gehen kann, ohne jemanden p… zu sehen.‹« Trotzdem findet der langwierige Prozess der Zivilisierung seinen Ausgang an den Höfen der europäischen Herrscher. Dort bilden sich schon früh die ersten Regeln heraus, je größer die Höfe sind, umso wichtiger ist es für den Einzelnen, sein Verhalten auf die Umgebung abzustimmen und immer darauf zu achten, nichts zu tun, was dem Mächtigeren unangenehm sein könnte. Es entsteht ein Ring von ebenmäßigen Selbstzwängen. Die körperliche Distanz gilt bald als nobel, wer den anderen zu einer größeren Distanz zwingen kann, erhöht seine eigene Würde. Man denke nur an das spanische Hofzeremoniell, dessen sich noch Kaiser Franz Joseph bediente, bei dem sich Besucher in gebührendem Abstand rücklings vom Herrscher entfernen. Dem aufstrebenden Bürgertum ist nun der Hof das Maß aller Dinge, am Weg nach oben werden Sitten und Gebräuche der Mächtigen imitiert.

Im Eifer, alles richtig zu machen, schießt man dabei mitunter übers Ziel hinaus. Besonders bekannt für ihre restriktiven Umgangsformen ist die englische Oberschicht. Das geht so weit, dass »ein wohlerzogener Mensch niemals einen anderen ohne dessen

Zustimmung berührt. Die geringste zufällige Berührung eines anderen erfordert eine Entschuldigung, selbst wenn dieser andere Mensch Vater oder Mutter oder eines der Geschwister ist«, wie Ashley Montagu noch 1971 in seinem Buchklassiker *Körperkontakt* moniert. Kuzmics: »Die eigentliche Triebfeder des Zivilisationsprozesses ist die Arbeitsteilung. Der Großteil der Bevölkerung im frühen Mittelalter sind Bauern, daneben gibt es noch Handwerker und Krieger. Im Laufe der Jahrhunderte entstehen jedoch immer mehr Berufe, die sich auf einzelne Aspekte des Produktionsprozesses spezialisieren – und das Verhalten von immer mehr Menschen muss aufeinander abgestimmt werden. Weitverzweigte Wirtschafts- und Handels-beziehungen, wie wir sie heute bis zum Exzess pflegen, sind nur möglich, wenn das Individuum funktioniert. Wer über die größere Selbstbeherrschung verfügt, hat die Nase vorn im Wettbewerb. Selbstkontrolle wird zur Norm.«

Limitierter Zutritt

Hier und heute sind die Menschen gleicher. Die große Distanz zu einem Mächtigen wird ersetzt durch eine alltägliche Respektdistanz zu allen anderen, die man um sich selbst einfordert. Es ist mehr erlaubt als je zuvor, und es liegt im Ermessen des Einzelnen, wie er damit umgeht. Fixe Regeln gibt es nicht, und das macht uns die Sache wiederum schwer, denn in einer mehr oder weniger egalitären Gesellschaft möchte niemand auffallen, in welcher Weise auch immer.

Wer wann wen wo wie und wie lange berührt, hängt von vielen Faktoren ab. Zum Beispiel davon, ob die Beziehungsstruktur symmetrisch oder hierarchisch aufgebaut ist. Klopft ein Angestellter seinem Chef jovial auf die Schulter, wird der vermutlich pikiert sein, während die gleiche Aktion umgekehrt als anerkennende Geste empfunden wird. Auch auf die Geschlechter kommt es an. Gehen zwei Männer Hand in Hand, wird das bei uns als Homosexualität ausgelegt, während man dieses Verhalten bei zwei Frauen maximal als übertrieben empfindet. Halten ein Mann und eine Frau Händchen, haben sie mit 99-prozentiger Sicherheit eine sexuelle Beziehung miteinander. Die Örtlichkeit spielt ebenfalls eine Rolle. Bei einem Kerzenscheindinner bekommt der Griff nach dem Unterarm des Gegenübers eine viel intensivere Bedeutung als im neon-beleuchteten Fastfood-Lokal. Generell lässt sich heute beobachten, dass Menschen spontane Berührungen im Alltag wenig bis gar nicht einsetzen. Raumnot zwingt uns nicht mehr zu Nähe, und es haben sich Distanzzonen, die auf Untersuchungen des amerikanischen Anthropologen Edward T. Hall basieren, etabliert, die, ohne nachzudenken, automatisch eingehalten werden:

Intime Distanz: Sie reicht vom direkten körperlichen Kontakt bis hin zu einer Entfernung von etwa 50 Zentimetern. Sie ist also jene Zone, in der Berührungen stattfinden. Sie darf nur mit Erlaubnis betreten werden, die in erster Linie dem Intimpartner, den Kindern und eventuell noch engen Verwandten und besten Freunden gewährt wird. Außerdem lassen wir vorübergehend professionelle Hände in unserer Distanzzone zu, wenn wir etwa zum Friseur, zum Masseur oder zum Arzt gehen. Dringt ein Fremder ungefragt hier ein, wird das als massive Grenzverletzung wahrgenommen.

Persönliche Distanz: In einem Bereich von rund 50 bis 120 bis 150 Zentimetern finden persönliche Gespräche statt. Wenn wir uns dabei wohl fühlen, lassen wir vorübergehend den Eintritt in unsere intime Distanzzone zu, etwa um uns mit einer freundlichen Berührung gegenseitiger Sympathie zu bekunden. Unangenehm wird es hingegen, wenn nur einen der beiden Gesprächspartner das Bedürfnis überkommt, näher zu rücken. Wir alle kennen sie, die Gesprächspartner, die unaufgefordert so nahe kommen, dass man ihren Atem spürt. Allein der Gedanke daran verursacht bei vielen von uns Gänsehaut. Lockerer nehmen wir es indes in Ausnahmesituationen, etwa in der überfüllten U-Bahn, wo Körperkontakt unvermeidlich ist. Wir sind in diesem Fall nachsichtig gegenüber dem Eindringling in unsere Distanzzone, das schützt uns davor, uns unnötigerweise bedrängt zu fühlen. Eine weitere Ausnahme sind Situationen kollektiver Emotionen, wenn wir etwa im Freudentaumel über das geschossene Tor der eigenen Mannschaft dem erstbesten Fremden in die Arme fallen. Ähnlich enthemmende Wirkung zeigt übrigens auch Alkohol.

Gesellschaftliche oder soziale Distanz: Bezieht sich auf einen Abstand von mehr als 1,2 bis 1,5 Metern, wo sachliche Beziehungen und soziale Interaktionen oder öffentliche Begegnungen stattfinden.

Das Team um Ralph Adolphs vom California Institute of Technology führte dazu ein einfaches Experiment durch. Die Testpersonen sollten sich so weit an den Versuchsleiter annähern, bis ihnen der Abstand als angenehm erschien. Durchschnittlich wurden von Kinn zu Kinn 64 Zentimeter gemessen. Lediglich eine Person, die schwere Schäden in den Emotionszentren im Gehirn hatte, rückte bis fast auf Nasenspitzenfühlung, ohne dabei ein Unwohlsein zu konstatieren.

Es geht immer um … Sex

Grundsätzlich spräche nichts dagegen, netten Menschen Zugang in unseren intimen Distanzbereich zu gewähren beziehungsweise in ihren einzutreten. Allerdings sind Berührungen im Erwachsenenalter, zumal zwischen den Geschlechtern, mehrdeutig. Der Übergang von der Alltags- zur sexuell motivierten Berührung ist fließend. Zwei Zehntelsekunden zu lange die Hand auf der Schulter des Gegenübers liegen gelassen, und schon steht man im Verdacht, auf eine Bettgeschichte aus zu sein.

Berührungen außerhalb der Beziehung oder der Familie können schnell falsch verstanden werden. Aus diesem Grund hält man vorsichtshalber lieber Abstand. Insbesondere in den USA ist man diesbezüglich hochgradig sensibilisiert und übervorsichtig, um nicht zu sagen hysterisch. Die Angst vor Klagen oder Jobverlust wegen sexueller Belästigung führt im Land der unbegrenzten Möglichkeiten zu einer regelrechten Berührungsphobie. Man bewegt sich dort slalomartig um seine Mitmenschen herum.

Professor Kuzmics berichtet von einem befreundeten Kollegen, der bei einer Gastprofessur in den USA in alter Gewohnheit seine Studentinnen aufmunternd tätschelte. Prompt wurde ihm ein Verfahren aufgebrummt, und seine akademische Laufbahn in den USA war zu Ende. Restlos absurd erscheinen Medienberichte aus dem Jahr 2006 über einen vierjährigen Buben aus Texas. Er wurde vom Unterricht in der Vorschule ausgeschlossen, weil er eine Frau umarmt und sie dabei an der Brust berührt hatte. In einer anderen US-amerikanischen Kleinstadt wurden zwei zwölfjährige Mädchen zum Direktor zitiert, weil sie sich in der Pause kurz umarmt hatten. Körperkontakt zwischen Lehrern und Schülern ist ohnehin tabu. Im Wahn der Political Correctness ortet man in den USA bei jeglicher Form der Berührung einen potentiellen sexuellen Übergriff. Jemanden anzugreifen, ohne vorher dessen ausdrückliche Erlaubnis einzuholen, gilt als schwerer Fauxpas.

Auch in Europa gibt es immer mehr No-Gos. Der Hintergrund ist die erschreckend hohe Zahl an Missbrauchsopfern, deren wahres Ausmaß sich erst in den letzten Jahrzehnten aus dem Dunkel der Verdrängung geschält hat. Daraus resultiert eine neue Haltung: Hände weg von Kindern. Als etwa in den 1980ern in Österreich Fotos des greisen Malers Friedensreich Hundertwasser auftauchten, die ihn nackt mit dem Sohn seiner Lebensgefährtin zeigten, ging ein Aufschrei der Entrüstung durch die Medien. Dabei war der bekennende Nudist und Freikörperfanatiker lediglich mit seinem Ziehsohn in die Badewanne gestiegen. In der Folge wurden einige Medien, die aus diesen Fotos Pädophilie herauslesen wollten, zu Strafzahlungen verdonnert.

»Es ist absolut notwendig, Kinder bedingungslos vor Missbrauch zu schützen. Auch wenn das für mich persönliche Einbußen in meiner Lebensqualität bedeutet, überlege ich es mir als Vater einer Achtjährigen dreimal, ob ich sie in aller Öffentlichkeit auf den Schoß nehme«, bringt ein befreundeter Familienvater das Dilemma auf den Punkt. Die Situation ist umso heikler, als heute die Patchwork-Familie im Vormarsch ist und Eltern nicht mehr nur ihre leiblichen, sondern oft auch ihre Stiefkinder zu betreuen haben.

Besonders ins Rampenlicht der Öffentlichkeit geraten sind kirchliche Würdenträger. Lassen wir Toni Faber, Dompfarrer zu St. Stephan, die Schlussworte zu diesem Kapitel sprechen: »Ich habe ein Patenkind in Kalkutta. Als ich das Mädchen besuchte, stürzte sie euphorisch auf mich zu, setzte sich ungeniert auf meinen Schoß und wollte so gerne gestreichelt werden. Auch ihre Freundinnen schmiegten sich an mich. Die Kinder waren so natürlich, dass ich die Situation einfach nur schön fand. Als dann aber eine Fotografin Bilder machen wollte, schoss mir urplötzlich ein Gedanke durch den Kopf: Kann ich mir das heutzutage überhaupt leisten? Nach kurzem Abwägen entschloss ich mich, den Kindern, die sich begeistert um mich scharten, die Freude nicht zu nehmen. Sie hätten das Leuchten in ihren Augen sehen sollen.«

4 Wie uns Berührungsmangel krank macht

Wir haben vergessen, dass die Berührung nicht nur ein grundlegendes Bedürfnis, sondern der Schlüssel für das Überleben unserer Art ist.
Tiffany Field, Berührungsforscherin

Berührungen sind, wie wir bereits wissen, die Essenz des Lebens. Ohne Berührung kein Ich. Die taktile und haptische Erfahrung formt unser frühes Selbst, verankert uns in dieser Welt, gibt uns Sinn im Leben. Nur ein Organismus, der berührt wird, hat einen Sinn. Nur ein Organismus, der berührt, findet Halt.

Der früheste Beweis, dass wir ohne adäquate Berührungsreize nicht überleben können, stammt aus dem Mittelalter. Der deutsche Kaiser Friedrich II. war damals auf der Suche nach der Ursprache der Menschheit. Als Herrscher des 13. Jahrhunderts konnte er sich seine ethisch mehr als bedenklichen Experimente leisten. Er ließ Neugeborene von einer Pflegerin zwar füttern und trockenlegen, verbot ihr aber jeglichen weiteren Kontakt mit den Kindern. In völliger Isolation, so hoffte der Kaiser, würden sie von selbst beginnen, eine Sprache zu sprechen – Hebräisch, Griechisch, Latein oder gar Deutsch? Eine Antwort erhielt er allerdings nie, denn alle Kinder starben bald. Sie waren daran zugrunde gegangen, dass niemand sie liebevoll in den Arm genommen und ihnen so das Wunder des Lebens eröffnet hatte.

Heute führen wir einschlägige Experimente an Tieren durch. Es gibt zahlreiche Studien, die belegen, dass Berührungsarmut im Babyalter zu schweren Wachstumsstörungen führt. Neugeborene Ratten etwa gedeihen nur, wenn sie während der ersten zwei bis drei Wochen von der Mutter regelmäßig geleckt werden. Das ergibt durchaus Sinn, denn sie sind abhängig von der Mutter. Sind sie sich ihrer Nähe nicht sicher, wechseln sie in eine Art Stand-by-Modus. Neugeborene Lämmer brauchen zum Start ins Leben intensiven Mutterkontakt, und viele müssen mindestens eine Stunde vom Mutterschaf geleckt werden, damit sie auf die Beine kommen.

Die bekannteste Untersuchung zur Bedeutung von Körperkontakt im Tierreich wurde von dem amerikanischen Psychologen Harry F. Harlow und seinem Team in den 1950ern durchgeführt. In diesen ethisch (zu Recht) umstrittenen Untersuchungen wurden Rhesusaffen nach der Geburt von ihrer Mutter getrennt, und stattdessen konstruierte Harlow zwei künstliche Mütter für sie. Eine aus nacktem Draht, aus der jedoch Milch floss, und eine, die keine Nahrung gab, die dafür aber mit flauschigem Frottee umwickelt und mit einer Wärmelampe ausgestattet war. Sämtliche Säuglinge gingen zur drahtigen Mutter, um ihren Hunger zu stillen, hielten sich aber nur so lange bei ihr auf, bis sie satt waren. Die restliche Zeit verbrachten sie bei der Frotteemutter.

In einem weiteren Schritt teilte Harlow die kleinen Äffchen in zwei Gruppen. Die einen wurden von der Drahtmutter aufgezogen, die anderen von der Frotteemutter, die für diese Studie ebenfalls Milch gab. Alle Affen tranken in etwa die gleichen Mengen und wuchsen auch in ähnlicher Weise auf. Jedoch zeigten die Affen, die von der Drahtmutter betreut worden waren, deutliche körperliche und emotionale Probleme wie etwa Entwicklungsrückstände und Durchfall, wohingegen die anderen sich normal entwickelten. Daraus schlossen Harlow und seine Mitarbeiter, dass Berührungen und angenehmer, weicher Körperkontakt fast genauso wichtig sind wie die Nahrungsaufnahme. Das revolutionierte die bis dahin herrschende Meinung, dass man Kinder bloß nicht fürsorglich umhegen soll, da sie ohnedies bloß ausreichend Nahrung bräuchten.

Defizite im Gehirn

Bekommen Kinder zu wenig Berührung, versuchen sie, dieses Manko durch Selbstberührungen zu kompensieren. Dabei kann es unter Umständen auch zu autoaggressivem Verhalten kommen. In einer Studie aus Aberdeen, Schottland, wurde beschrieben, dass Kinder von postnatal depressiven Müttern, die unfähig waren, sich ihrem Kind emotional zuzuwenden, sich deutlich öfter selbst berührten als Kinder von gesunden Müttern. Auf stressreiche Ereignisse reagierten sie außerdem durch heftige Bewegungen beziehungsweise groben Körperkontakt wie reißen, ziehen oder schlagen.

Ein Mangel an positiven Berührungen verursacht bei Kleinkindern schwere neurologische Störungen, da die funktionalen Strukturen im Inneren nicht aufgebaut werden können. Es führt nachweislich zu Defiziten im Gehirn, wenn uns liebevolle Zuwendung fehlt. Das ist nachvollziehbar, denn der Hauptteil des Gehirns entwickelt sich in frühester Kindheit. Die Erfahrungen, die in dieser Zeit gemacht werden, prägen maßgeblich die biologische Struktur dieses Organs. Bei normal aufwachsenden Kindern kommt es in der ersten Lebensphase zu einer vermehrten Bildung synaptischer Kontaktstellen, die für die Leistungsfähigkeit des Gehirns verantwortlich sind. Das ist beinahe wie bei einem Computer, je mehr Schaltkreise ein Prozessor aufweist, desto leistungsfähiger ist das Gerät. Vernachlässigte Kinder bauen viel weniger dieser Verbindungen auf, die neurologische Entwicklung ist nachhaltig gestört. In Studien über rumänische Waisenkinder wurde nachgewiesen, dass psychische Störungen wie Ess- und Schlafprobleme, extreme Ängste, relative Schmerzunempfindlichkeit sowie Bindungsstörungen, Selbstverletzungstendenzen und semi-autistische Verhaltensweisen mit pathologischen Veränderungen gewisser Hirnareale korrelierten. In einer anderen Studie wurde eruiert, dass libanesische Waisenkinder, die vor dem zweiten Lebensjahr adoptiert wurden, durchschnittlich einen IQ von hundert aufwiesen. Kinder, die zwischen dem zweiten und sechsten Lebensjahr neue Eltern bekamen, erreichten immerhin noch einen Wert von 80, wohingegen bei den Kindern, die im Waisenhaus blieben, lediglich ein Durchschnitts-IQ von fünfzig gemessen wurde.

Eine groß angelegte wissenschaftliche Analyse vorhandener Studien zum gleichen Thema zeigt außerdem, dass eine Adoption zu einer deutlichen Verbesserung der kognitiven Fähigkeiten der Kinder führt. Sie werden also aufmerksamer und kreativer, können sich besser erinnern und leichter lernen.

Der aus Deutschland in die USA emigrierte Kinderarzt Dr. René Spitz fand bereits in den 1940ern heraus, dass über 30 Prozent der Säuglinge, die in Waisenhäusern aufwuchsen und wenig Körperkontakt und Zuneigung bekamen, innerhalb ihres ersten Lebensjahres starben. Spitz sprach in diesem Fall von »emotionalem Verhungern«. Im wahrsten Sinne des Wortes, denn Säuglinge, die keinen Körperkontakt und keine Nähe von der Mutter bekommen, neigen zu Appetitlosigkeit und damit verbundenem Gewichtsverlust und sind darüber hinaus besonders anfällig für Infektionskrankheiten. An Marasmus, dem Verlust der Kräfte aufgrund eines Eiweiß- und Energiemangels, der auch zu rapider Gewichtsabnahme führt, starben besonders viele Kinder in Heimen und Krankenhäusern. Kinder aus ärmeren Familien jedoch, deren Lebensumstände diese Mangelkrankheit an sich auch begünstigten, waren davon weniger betroffen, wenn sie eine liebevolle Mutter hatten. Daher spricht Spitz vom Marasmus auch als dem »Dahinwelken und Verlöschen« von gesund geborenen Kindern in Folge totaler emotionaler Deprivation, also dem Zusammenbruch des psychischen Gleichgewichts durch ungenügende Befriedigung der grundlegenden seelischen Bedürfnisse.

Sichtbare Berührungsarmut

Spitz machte noch eine weitere, äußerst interessante Beobachtung. Ihm fiel auf, dass Ekzeme vor allem bei Babys auftraten, die wenig durch ihre Mütter berührt wurden. Spitz interpretierte dies als einen kindlichen Mechanismus, mehr Aufmerksamkeit zu erzielen. Wegen des Ekzems suchten die Mütter einen Arzt auf, ließen sich Salben und Cremes verschreiben und schmierten die betroffenen Stellen damit ein. Der Körperkontakt zum Säugling wurde intensiviert. Durch die neue Kontaktfreudigkeit der Mütter verschwanden die Ekzeme und traten auch nicht wieder auf.

Aber auch so mancher Erwachsene trägt seine Berührungsarmut weithin sichtbar vor sich her. Haut und Psyche sind von der Entwicklungsgeschichte her eng aneinander gekoppelt, eine Störung der Haut kann daher leicht eine Störung der Psyche verursachen und umgekehrt. Verschiedene Hauterkrankungen haben ihren Ursprung erwiesenermaßen in unserer Seele, womit wir wieder beim Begriff psychosomatische Erkrankung sind. Professor Uwe Gieler, Experte für psychosomatische Hauterkrankungen am Universitätsklinikum Gießen, schreibt in einer Übersichtsarbeit, dass bei mindestens einem Drittel seiner dermatologischen Patienten psychische Störungen vorliegen. Diese sind entweder der Auslöser der Erkrankung, oder aber sie bewirken einen Schub und damit eine Verschlechterung der Symptomatik. Zu den Hauterkrankungen, die einen psychosomatischen Hintergrund haben, gehören Haarausfall, Neurodermitis, Juckreiz, chronische Nesselsucht sowie Schuppenflechte. In einer Befragung von Patienten mit Schuppenflechte berichten gleich 72 Prozent, dass ein stressvolles Ereignis der Krankheitsentstehung vorausging, bei Kindern waren es sogar 90 Prozent.

Allerlei psychische Instabilitäten wie Depressionen, Stress, extreme Unsicherheit und Ängstlichkeit können zu den Auslösern zählen. Alles psychische Krankheitsbilder, die durch latenten Berührungsmangel deutlich verstärkt und möglicherweise sogar hervorgerufen werden. Vom philosophischen Aspekt aus betrachtet, drückt der Hautkranke über seine Krankheit möglicherweise den Wunsch nach Nähe aus.

Der Leidensdruck steigt

Das muss sich nicht immer in Hautkrankheiten manifestieren, die psychische Störung per se ist schlimm genug.

»Ich bin ein 16-jähriges Mädchen und habe seit über einem halben Jahr Depressionen. Meine Eltern sind geschieden, und ich lebe bei meiner Mutter, die vor ein paar Jahren wieder geheiratet hat. Sie hat sich nie wirklich gut um mich gekümmert – naja, ich habe meistens das Spielzeug bekommen, das ich wollte, durfte Klavierunterricht besuchen, aber wenn ich jemanden zum Reden brauchte, war sie nie da. Wenn ich geweint habe, hat sie mich nie getröstet – und tut es auch heute nicht. Ich bin eine relativ gute Schülerin (…), trinke keinen Alkohol, rauche nicht, mache nie Probleme – die meisten Erwachsenen sagen, dass ich eine wünschenswerte Tochter bin. Vor einem halben Jahr hat mein Freund nach eineinhalb Jahren Beziehung mit mir Schluss gemacht. Danach war ich am Boden zerstört. Er war nämlich der einzige, mit dem ich immer offen über meine Gefühle reden konnte und wollte. Das hat mich dann so ziemlich in den Abgrund getrieben. Jedenfalls komme ich mit meiner Traurigkeit nicht mehr klar. Ich gebe mich nach außen hin immer so stark, aber innerlich zermürbt es mich. Ich weine mich mehrmals die Woche in den Schlaf und grüble den ganzen Tag lang. Ich hab manchmal auch Selbstmordgedanken (ich habe nicht vor, die zu verwirklichen), was ich aber niemandem erzähle. Das Schlimme ist, dass meine Mutter glaubt, ich würde mit meiner Traurigkeit übertreiben (…) Ich solle mich zusammenreißen. Sie tut, als wäre meine Depression nicht schlimmer als Schnupfen. Sie versucht gar nicht, mich zu verstehen – glaubt sie etwa, ich bin freiwillig depressiv? Eigentlich sind mir die Depressionen nämlich ziemlich peinlich. (…) Ich will einfach wieder glücklich sein. Ich will, dass, wenn ich lächle, es wieder von Herzen kommt. Ich will nicht jeden Tag bedrückt und traurig sein und herumgrübeln. Bitte, sagt mir, was ich tun soll …«

Diesen erschütternden Hilferuf richtete eine verzweifelte Userin an ein Hilfsforum im Internet. Bei ihr wird deutlich, wie sehr sie unter der fehlenden Liebe ihrer Mutter leidet. Zu diesem lebensnahen Beispiel gibt es vereinzelte Studien, die einen deutlichen Zusammenhang zwischen unbefriedigendem oder negativem Körperkontakt in der persönlichen Geschichte und dem Auftreten einer Depression belegen. Denn in der Entstehung einer Depression spielen – neben genetischen Einflüssen, Störungen in der Informationsübermittlung im Gehirn und psychosozialen Aspekten wie traumatisierende Lebensereignisse – auch frühe emotionale Defizite eine tragende Rolle. »Niemand hörte mir zu, meine Probleme wurden ignoriert, ich hatte nicht das Gefühl, Aufmerksamkeit und Unterstützung von meinen Eltern zu bekommen«, das war der Grundtenor einer Befragung von fast 2300 Niederländern, die depressive Verstimmungen und Angststörungen im Erwachsenenalter zeigten. Eine ähnliche Untersuchung aus Japan bestätigt, dass Studenten, die in der Kindheit wenig angenehmen Körperkontakt hatten, deutlich häufiger an Depressionen litten als ihre einst liebevoll behüteten Kommilitonen. Eine gute Kindheit mit einer festen Bindung, die ohne körperliche Nähe unmöglich ist, kann das Risiko für Depressionen deutlich vermindern. Vor allem Mädchen und Frauen sind durch Berührungsarmut hier besonders gefährdet.

Das alles ist umso bemerkenswerter, als die Depression zu den Volkskrankheiten zählt, in ein paar Jahren, so schätzt man, wird es wohlmöglich mehr depressive Patienten geben als solche mit Herz-Kreislauf-Erkrankungen. Eine bedrohliche Nebenerscheinung ist die oft damit einhergehende Selbstablehnung, die zu einem negativen Selbstbild, zu Minderwertigkeitsgefühlen führt. Das Gefühl, nicht normal zu sein, nicht geliebt zu werden, kann schlimme Folgen haben.

Die Mikado-Frau

»Ich weiß, dass das nicht gesund ist, aber ich habe panische Angst vor dem Zunehmen. Ich habe 45 Kilogramm gewogen. Da muss ich zugeben, da war ich stolz auf mich, weil ich es so weit runter geschafft hatte. Dann habe ich angefangen, ganz viel Sport zu machen und Gymnastik, und habe auch ganz schnell fünf Kilogramm zugenommen. Es fällt mir schwer, das zu akzeptieren, und ich fühl mich ziemlich eklig. Ich habe nicht das Gefühl, dass bei mir die Knochen rausstehen. Im Gegenteil, ich finde meine Oberschenkel und meinen Bauch zu dick. Ich versuche, möglichst wenig in den Spiegel zu schauen, weil ich, so dumm es auch klingt, den Anblick von mir selbst nicht ertrage. Ich will nicht dasitzen und heulen, nur weil ich mich nackt gesehen habe, das versuche ich zu umgehen.« Yolle ist eine junge Frau mit einem Körpermaß von 1,73 Meter, die von ihrer Magersucht berichtet. Sie hat, wie so viele andere, ihre Selbstablehnung perfektioniert und sich so eine Erklärung zurecht gezimmert, warum sie ungeliebt ist, warum kein Mensch sie mag: Sie ist einfach abstoßend fett.

Krankhafte Schönheitsideale sind zwar ein Auslöser für Magersucht und Bulimie, doch die Ursache ist eine gestörte Körperwahrnehmung, begünstigt durch ein negatives, abwertendes soziales Umfeld sowie Kritik und Vermittlung von Unsicherheit seitens der Eltern. Patientinnen mit Essstörungen leiden häufig an einem geringen Selbstwertgefühl, Depressivität und Ängstlichkeit. Eine Befragung von Frauen mit Magersucht oder Bulimie zu ihrem Körperbild und ihrem Berührungsverhalten in der Kindheit zeigte, dass nicht wenige unter Berührungsarmut litten. Fast die Hälfte der essgestörten Patienten beklagte, in ihrer Kindheit zu wenig Zärtlichkeit von ihrer Mutter erhalten zu haben. In einer Kontrollgruppe waren es nur 9 Prozent. Auch Männer sind von Essstörungen betroffen, sie berichteten weiters von autoaggressivem Verhalten wie zum Beispiel Haare ausreißen, sich kratzen und beißen. Interessant ist in diesem Zusammenhang auch, dass Patientinnen und Patienten mit Magersucht zusätzlich eine Störung ihrer haptischen Wahrnehmung im Gehirn aufweisen, wie eine Reihe von Untersuchungen von Martin Grunwald aus Leipzig zeigen konnten. Die magersüchtigen Probanden hatten Probleme damit, Tiefenreliefs wahrzunehmen.

Es ist offensichtlich, dass der Mensch seinen Körper durch angenehme Berührungen kennen und lieben lernt. Fehlen diese, kann daraus ein negatives Körperimage resultieren, das wiederum direkt in eine Essstörung führen kann. Aber auch zwischen Berührungsarmut und Übergewicht gibt es möglicherweise Verbindungen. Mangelnder liebevoller Körperkontakt lässt das Gefühl von Unzufriedenheit hochkommen, das sich etwa durch Stress, Trauer, Einsamkeit oder Isolation äußern kann. Viele Menschen reagieren darauf mit Heißhungerattacken. Essen wird zu einem wichtigen tröstenden Faktor. Die nach Liebe hungernde Seele wird statt mit körperlicher Nähe mit Fett und Zucker gefüttert. Leider erschwert aber gerade der angefutterte Kummerspeck die Suche nach einem Menschen, der Geborgenheit und Zärtlichkeit spendet und einen aus der misslichen Lage befreit. Aus Frust darüber wird gleich noch mehr gegessen. Gepaart mit Diskriminierungen und Stigmatisierungen der Umwelt, kann daraus ein vollständiger Rückzug resultieren, aus dem sich viele nicht mehr aus eigener Kraft befreien können.

Berührung als Schutzschild

> *Ich werde dich so lange halten, bist du bereit bist, dich selbst zu halten.*
> Patrick Casement, Psychoanalytiker

Wer auf mangelnde liebevolle Zuwendung mit Hautkrankheiten, Depressionen oder Essstörungen antwortet, straft sich unbewusst selbst dafür, dass er nicht bekommt, wonach er sich sehnt. Andere wiederum schlagen um sich herum alles kurz und klein. Aggressionen sind ein weiterer Ausdruck der Verzweiflung über fehlende emotionale Bindung. »Seit vielen Jahren beobachte ich eine erschreckende Tendenz in Richtung zunehmender Aggressivität. Früher ging bei Uni-Festen die eine oder andere Flasche zu Bruch. Heute schmeißen die Partygäste schon mal das gesamte Mobiliar von der Dachterrasse auf die Straße. Am schlimmsten sind Studenten aus wohlhabenden Familien, die von Internat zu Internat geschickt wurden. Mit ihrer zornigen Aggressivität wollen sie ihre Wut über die zu wenig empfangene Liebe hinausschreien. Ihnen ist alles egal, und ich bin als Professor machtlos. Ich lerne sie erst in einem Alter kennen, in dem die Schäden bereits nahezu irreparabel sind«, schildert ein älterer deutscher Universitätsprofessor die Zustände an den Hochschulen.

Aggressives Verhalten bei Jugendlichen ist weltweit zu einem ernstzunehmenden Problem geworden. In Deutschland zum Beispiel traten 2007 Vierzehn- bis Achtzehnjährige bereits etwa doppelt so häufig als Gewalttäter auf als noch 1993. Diese Zunahme resultiert in erster Linie aus einem Anstieg der Vergewaltigungen und Körperverletzungen, Raub- und Tötungsdelikte spielen in dieser Altersgruppe eine untergeordnete Rolle. Jedoch hat auch die Anzeigebereitschaft zugenommen, was die Statistik erheblich mit beeinflusst hat.

Aggressives Verhalten ist im Übrigen hauptsächlich ein Problem von Burschen und Männern. Vor allem ist da das männliche Sexualhormon Testosteron, das die Aggression fördert. Andererseits werden Burschen, wie wir bereits im vorangegangenen Kapitel konstatiert haben, berührungstechnisch außen vor gelassen, was möglicherweise auch eine Rolle spielt. Natürlich ist fehlende Zuwendung, die mit mangelndem Körperkontakt einhergeht, nicht der einzige Auslöser für Aggressionen, aber in jedem Fall ist sie wahrscheinlich ein Beschleuniger der Zerstörungswut. Das Aggressionsverhalten des Menschen hat grundsätzlich verschiedene Ursachen. Dazu gehören biologische Faktoren, etwa Gene, Hormone und Botenstoffe im Gehirn, sozio-ökonomische, etwa Gruppenzwänge oder Armut, sowie individuelle wie zum Beispiel ständige Frustrationen, Ängste, aber auch Vorbilder. Aggression entsteht jedoch insbesondere dann, wenn keine stabile familiäre Basis vorhanden ist. In der Psychoanalyse wird die Aggression als ein angeborener Trieb sowie das Fehlen einer stabilen Identität beschrieben. Genau diese kann sich nicht herausbilden, wenn frühkindliche Bindungen fehlen, wenn emotionale Kälte das Umfeld des Heranwachsenden bildet. Der findet dann unter Umständen keinen anderen Ausdruck für seine negativen Gefühle, als sie in aggressive Tendenzen zu kanalisieren.

Eine sichere, warme Bindung zwischen Eltern und Kind schützt daher vor Aggressionen. So gesehen ist es immens wichtig, sein Kind so lange zu »halten«, bis es so weit ist, sich selbst zu halten. Durch diesen Halt baut das Kind eine stabile Basis für das spätere Leben auf. Andererseits ist Gewalt in der Familie ein wichtiger Trigger für Aggressionen. Je positiver das Klima in der Familie von Jugendlichen wahrgenommen wird, umso geringer ist das Risiko für Gewaltakzeptanz

Weg vom Schirm, rauf auf die Matte

Nicht aufhörender Terror im Nahen Osten. Super-GAU in Japan, Völkermord in Zentralafrika, brutaler Überfall in der Münchner U-Bahn, Leiche zerstückelt und in den Müll geworfen. Die Anzahl der Toten, die uns tagtäglich via Satellit frei Haus geliefert werden, die Details unsäglicher Gewalt, die über die Nachrichtenkanäle über uns hereinfluten, schaffen eine neue Form der Gleichgültigkeit: die mediale Indifferenz, der unberührte Mensch im geistigen Sinne. Wir können nicht für jeden Einzelnen Mitleid empfinden, also lassen wir unser Einfühlungsvermögen ganz verkümmern.

Die extreme Reizüberflutung lässt uns abstumpfen. Damit wir beim Betrachten doch noch etwas spüren, reagieren Hollywood, Nintendo & Co mit immer brutaleren Produktionen, was uns noch mehr in die Apathie treibt. Ein Zombiefilm aus den 1970er Jahren, damals der härteste Stoff, den man sich geben konnte, wirkt im Gegensatz zu Quentin Tarantinos »Kill Bill« wie eine Halloween-Vorstellung von Vorschulkindern. Das wäre halb so schlimm, wenn wir nicht großteils mehr Zeit mit Fernsehen und neuen Medien verbrächten als mit allen anderen Arten von Freizeitbetätigung. Ganz besonders betroffen davon sind einmal mehr Kinder und Jugendliche, die man vor der Glotze vortrefflich ruhig stellen kann. Einer Studie der UNESCO zufolge, in der das Fernsehverhalten von Kindern in 23 Ländern untersucht wurde, verbringen Schulkinder ungefähr die Hälfte ihrer Freizeit vor dem TV-Apparat, in England etwa haben gleich 46 Prozent der Kinder einen Fernseher in ihrem Schlafzimmer. In einer Untersuchung von Jeffrey J. Johnson und Mitarbeitern aus New York, die 2002 in der renommierten Zeitschrift *Science* veröffentlicht wurde, wurden Einzelkinder von 707 Familien über einen Zeitraum von siebzehn Jahren mehrmals zu ihrem Fernsehkonsum und aggressivem Verhalten befragt. Dabei zeigte sich, dass die Kids, die viel fernsahen und damit verbunden häufiger gewalttätige Szenen konsumierten, später signifikant öfter durch aggressives und gewalttätiges Verhalten wie Raub und Körperverletzung auffielen.

Wir wollen uns nicht die »gute alte Zeit« herbeiwünschen, aber manches war definitiv besser. Etwa dass, wenn wir überhaupt einen Fernseher hatten, maximal zwei Kanäle zur Auswahl standen. Erinnern Sie sich noch, wie viel Zeit Sie am Spielplatz, in Omas Garten oder im Schwimmbad mit anderen verbracht haben? Wie Sie mit Freunden gespielt, um die besten Walderdbeeren gerangelt, um einen gefundenen Ball gerauft haben? Aggression ist nämlich nicht nur negativ zu werten, eine gesunde Portion davon ist Teil des menschlichen Lebens und für die Entwicklung wichtig. Wird sie unterdrückt, begünstigt das ebenfalls Gewalt, weil die versteckte negative Energie irgendwann einmal durchbricht und

Schaden anrichten kann. Daher ist es wichtig, rechtzeitig Dampf abzulassen. Kinder müssen streiten dürfen! Ein Kind lotet streitend, raufend, kämpfend seine Grenzen aus. Werden gesunde aggressive Triebe unterdrückt, verwandeln sie sich oft in destruierende Aggressivität, manchmal aber auch in Unterwürfigkeit, Körperwahrnehmungsstörungen oder selbstzerstörerisches Verhalten.

Wir leben in einer Gesellschaft wo jede geringste Grenzüberschreitung sofort gemeldet und geahndet wird. Das hat natürlich seine positiven Seiten, keine Frage, aber nicht nur. Früher konnte man zum Beispiel in der Schule noch raufen, ohne dass die gesamte Riege vom Direktor abwärts mobilisiert wurde, um den Aggressor zurechtzuweisen. Heute muss man als Schüler beim kleinsten Vergehen mit schlimmen Strafen rechnen, also weicht man Körperkontakt großflächig aus. Das zieht sich dann durchs gesamte Leben. Die letzte Schule meines Sohnes war diesbezüglich fortschrittlich. Im Herbst 2010 wurde in seiner Klasse eine Raufmatte hingelegt, auf der sich in den Pausen die Schüler, unter strenger Aufsicht der Lehrer richtig auslassen können. Dabei konnten sie nicht nur überschüssige Energien loswerden und miteinander in Körperkontakt treten, sondern sie bekamen auch ein Gefühl für die richtige, gesunde Dosis an taktilen Reizen.

Die Kuschelzelle

Häftlinge sind ein Extrembeispiel für Menschen, die in besonders berührungsarmen Verhältnissen leben müssen. Viel diskutiert wird dabei, ob und wie oft man Häftlingen Körperkontakt mit Familienangehörigen und Partnern erlauben sollte. In der Justizanstalt Stein zum Beispiel wurde ein »Haftraum der Liebe«, wie die

Zeitungen es nannten, eingerichtet. »Wenn die Voraussetzungen stimmen, darf mich vier Mal im Jahr für drei Stunden meine Lebensgefährtin besuchen. Ich weiß von mir und meinen Kumpels, dass die Kuschelzelle viele Aggressionen abbaut«, sagte ein Häftling, der wegen Körperverletzung inhaftiert wurde. Seine Aussage wurde auch von Christian Timm, dem ehemaligen Direktor des Hochsicherheitsgefängnisses, bestätigt.

Die Insassen müssen sich natürlich an gewisse Spielregeln halten. Neben zahlreichen Voraussetzungen, darunter vorbildliche Führung, werden die Gefangenen vor und nach dem Langzeitbesuch auch einem Harntest unterzogen, um sicherzugehen, dass kein Alkohol und keine Drogen in die Räumlichkeiten geschmuggelt wurden. Der Direktor hat dabei richtig erkannt, dass »für die Resozialisierung und die Hemmung von späteren Aggressionen der Erhalt von Familienkontakten wichtig« ist. Berührungen haben demnach nicht nur eine vorbeugende Wirkung vor Aggressionen, sondern auch eine therapeutische.

Komm mir nicht zu nahe

Auch Angststörungen sind in unserer Gesellschaft weit verbreitet. Hier ist vor allem die soziale Phobie zu nennen, die übermäßige Furcht vor sozialen Interaktionen. Die Angst, sich zu blamieren, Fehler zu machen und beschämt zu werden, bestimmt diese psychische Störung. Das äußert sich in übertriebener Schüchternheit, oft auch begleitet von körperlichen Symptomen wie Herzrasen oder Stimmversagen, bei Kontakt mit Fremden oder sozial herausfordernden Situationen. Die Folge sind Vermeidung von potentiell angstbesetzten Gegebenheiten und sozialer Rückzug bis hin zur völligen Isolation. Die soziale Phobie betrifft bis zu 10 bis 15 Prozent der Bevölkerung in den westlichen Ländern.

Hinsichtlich der Ursachen gibt es verschiedene Erklärungsansätze wie zum Beispiel unsichere Persönlichkeitsstrukturen oder Veranlagung. Daneben sind negative, stressreiche Lebensereignisse wie Scheidung, Krankheit oder Tod im Elternhaus bei der Entstehung der Krankheit ebenso beteiligt wie wiederum die Eltern-Kind-Beziehung. Kinder, die streng, extrem diszipliniert oder überbehütet aufwachsen, scheinen besonders anfällig zu sein. Wenn Menschen mit sozialer Phobie befragt werden, wie ihre Kindheit war, berichten sie unter anderem, dass ihre Eltern sie tendenziell auf Watte gebettet hatten. Nicht auszudenken, Klein-Lisa wäre tatsächlich in der Sandkiste handgreiflich geworden. Diese Antworten zeigen, wie wichtig es als Elternteil ist, nicht ständig zu intervenieren, sondern die Kleinen ihr Spiel spielen zu lassen, bei dem es unweigerlich zu Körperkontakt kommt. Er ist zu wichtig für die gesunde Entwicklung des Kindes.

Sowohl die Quantität als auch die Qualität an sozialen Beziehungen haben in den meisten Industrienationen während der letzten Jahrzehnte abgenommen. Soziale Aktivitäten wie ehrenamtliche Tätigkeiten, Engagement in Gesellschaft und Kirche, das Verbringen der Freizeit im Bekanntenkreis oder das Vertrauen in gesellschaftliche Netzwerke werden unter dem Begriff »soziales Kapital« zusammengefasst. Dabei messen viele Forscher dem sozialen Vertrauen einen besonderen Wert bei und sehen ihn als Schlüsselfaktor des sozialen Kapitals. Denn je weniger wir einander vertrauen, desto geringer ist die Wahrscheinlichkeit, dass wir uns unterstützen und freundlich und ohne Scheu aufeinander zugehen.

In einer großen Umfrage in Europa wurden Teilnehmer aus verschiedenen Ländern befragt, ob sie ihren Mitmenschen vertrauen oder diesbezüglich eher vorsichtig sind. Dabei zeigte sich, dass in den meisten Ländern das Misstrauen überwiegt. Nur etwa jeder dritte Deutsche oder Österreicher gab an, den meisten Menschen zu vertrauen. Eine weitere Untersuchung in mehreren europäischen Ländern und den USA zeigte eine fast vierzehnprozentige Abnahme des sozialen Vertrauens von 1990 bis 1995.

Einsame Cowboys

Der Mensch ist evolutionsgeschichtlich betrachtet ein soziales Wesen. Er ist auf das harmonische Zusammenleben mit anderen, auf ständigen Körperkontakt angewiesen. Ohne Wärme und liebevolle Berührungen resigniert er einfach. Unsere Gesellschaft befindet sich seit Anbeginn der Menschheit im ständigen Wandel. Aber im Gegensatz zu früher, wo sich der Wandel eher langsam und linear vollzogen hat, brachten die letzten Jahrzehnte enorme Veränderungen mit sich und diese in einem exponentiellen Tempo. Urbanisierung, Überbevölkerung, Individualisierung und zunehmende Technisierung erschweren soziale Annäherung. Übertrieben formuliert: Wer heute noch die Namen seiner Nachbarn kennt, ist fast schon ein Exot.

Eine Konsequenz von all dem ist Einsamkeit, egal ob wir in einer Partnerschaft leben oder nicht. Auch viele Menschen, die selbstsicher auftreten, schwer erfolgreich oder ständig unter Leuten sind, können zutiefst einsam sein. Ein Mensch ist vor allem dann einsam, wenn seine Wünsche nach sozialen und körperlichen Kontakten nicht befriedigt werden. Mit der Einsamkeit kommen die emotionalen Probleme, von der Melancholie bis zu psychischen Erkrankungen. Einsamkeit ist ein endemisches Problem unserer Gesellschaft, und sie betrifft nicht nur die Alten, sondern auch junge Menschen. Eine Analyse vorhandener Studien aus 2009 zeigte, dass sich 20 bis 30 Prozent der Menschen zwischen 25 und 79 Jahren öfters einsam fühlten. Bei den 15- bis 24-Jährigen waren es sogar etwa 30 bis 50 Prozent.

Ein gebrochenes Bein wird eingegipst. Dem Gipsträger ist Anteilnahme von allen Seiten sicher. »Der Arme, das hat sicher wehgetan und jetzt noch sechs Wochen Gips bei dem schönen Badewetter!« Wer Kummer auf der Seele hat, tut sich mit dem Verständnis seiner Umwelt schon schwerer. »Ja mei, soll er sich halt nicht so anstellen wegen dem bisschen Einsamkeit. Soll er halt unter die Leute gehen.« Es ist erstaunlich, dass es heute zwar schick ist, zum Psychotherapeuten zu gehen, dass aber nach wie vor die Meinung vorherrscht, mit etwas gutem Willen ließe sich jedes seelische Problem von allein aus der Welt schaffen.

Nicht erwünschte Einsamkeit steigert das Risiko für zahlreiche Erkrankungen. So etwa hatten in einer Studie aus dem Jahre 2007 Patienten, die sich hochgradig einsam fühlten, ein knapp mehr als doppelt so hohes Risiko, am besonders schwerwiegenden Morbus Alzheimer zu erkranken. Einsamkeit schwächt auch das Immunsystem. Sarah D. Pressmann und Mitarbeiter aus Pittsburgh haben diesbezüglich eindrucksvoll zeigen können, dass einsame junge Erwachsene schlechter auf eine Grippeimpfung reagieren und niedrigere Antikörpertiter aufweisen als sozial gut eingebettete Altersgenossen. Einsamkeit äußert sich also auch auf körperlicher Ebene.

1988 wurden erstmalig die Ergebnisse von prospektiven Studien – das sind Untersuchungen, bei denen ein Versuchskollektiv untersucht und dann über einen gewissen Zeitraum beobachtet wird – zusammengefasst. Es konnte gezeigt werden, dass Menschen mit spärlichen sozialen Kontakten früher starben als kontaktfreudige Menschen. Eine neuere Analyse von 148 Studien mit über 300 000 Versuchspersonen der letzten drei Jahrzehnte kam zu einem ähnlichen Ergebnis. Dabei konnte gezeigt werden, dass

Menschen mit einem guten Freundes- und Bekanntenkreis eine um 50 Prozent höhere Überlebenswahrscheinlichkeit aufwiesen als Menschen mit einem schwachen sozialen Umfeld. Das Risiko, früher zu sterben, lag bei einsamen Menschen mit geringen sozialen Kontakten ähnlich so hoch wie bei Nikotinabhängigen oder Alkoholsüchtigen! Das Sterblichkeitsrisiko bei sozialer Isolation lag sogar deutlich höher als bei Übergewicht.

Über Einsamkeit wird oft geschwiegen. Es kommt schlecht an, wenn man sagt, dass man einsam ist. Es passt nicht in das Bild des kontaktfreudigen, positiv denkenden Menschen. Wer will schon als Verlierer dastehen? Man kann Einsamkeit gut verbergen, auch vor sich selbst, da die Symptome völlig uncharakteristisch sind. Dazu gehören Unruhe, Lethargie, Schläfrigkeit, Gefühle der Leere, Antriebslosigkeit und Fehlen eines Lebenssinnes. Das führt einsame Menschen in die Verzweiflung, Depression, ungeduldige Langeweile und Selbstablehnung.

Einsamkeit bewirkt nicht nur Berührungslosigkeit, sondern auch umgekehrt. Viele Menschen fühlen sich ja deswegen einsam, weil sie nicht genügend berührt werden. Das ist eine fatale Wechselwirkung, doch glücklicherweise gilt auch der Umkehrschluss. Wer sich wieder mehr achtsame Berührung ins Leben holt, fühlt sich automatisch weniger einsam.

Zu stressig

Depressionen, Aggressionen, soziale Phobien oder Einsamkeit hängen oft direkt oder indirekt mit unserer vergangenen oder gegenwärtigen Berührungsarmut zusammen und sind, wie wir gesehen haben, weit verbreitet. Dennoch sind sie nur Randnotizen unserer Gesellschaft im Vergleich zum allgegenwärtigen Stress.

Ein Pudelweibchen zeigte ein auffälliges Verhalten. Es war emotionslos, desinteressiert an vielen Dingen, bewegte sich kaum und sah völlig depressiv und apathisch aus. Das Frauchen brachte es daraufhin zu Turid Rugaas, einer weltbekannten Hundetrainerin aus Norwegen. Bei der Befragung stellte sich heraus, dass dem Hund in letzter Zeit zu viel zugemutet wurde. Ein Übermaß an Bewegung, Wettkämpfe und Spielaktivitäten trieben das Tier in die Erschöpfung. Die ständige Überforderung führte zu einer Entladung seiner Energiereserven, so dass sein Körper einfach nicht mehr konnte. Turid Rugaas »verschrieb« daraufhin dem Hund absolute Schonung und Ruhe, sozusagen einen »Kuraufenthalt« innerhalb seiner eigenen vier Wände. Nach ein paar Wochen ging es dem Hund wieder besser.

Dieses Fallbeispiel zeigt, wie chronischer Stress einem Hund zusetzen kann und ihn in eine Form des Burn-outs treibt. Laut Turid Rugaas ist bei Hunden Stress eine der häufigsten Ursachen für Verhaltensprobleme und Krankheiten. Die Symptome können vielfältig sein, neben auffälligem Verhalten wie bei dem Pudel kommt es auch zu Infektionen, Hautveränderungen und Allergien bis zu Durchfall. Laut Turid Rugaas ist die Liste endlos.

Beim Menschen ist es nicht unähnlich. Wer heute nicht gestresst ist, darf sich als Außenseiter fühlen. Eine befreundete Kollegin, die freiberuflich arbeitet, gestand mir erst vor kurzem, dass sie an den Wochenenden niemals und unter keinen Umständen arbeitet, weil sie die Regeneration braucht. Bloß erzählen dürfte sie es niemandem, vor allem nicht im beruflichen Umfeld, sie möchte weder als faul noch als wenig ambitioniert gelten.

Gerade im Berufsleben gilt Stress als trügerischer Gradmesser für die eigene Wichtigkeit. Deswegen beugen wir uns im Allgemeinen jedem Druck von oben, um unsere Unentbehrlichkeit zu unterstreichen. Vor allem auch uns selbst gegenüber. Wir gestehen uns nicht ein, dass wir im Grunde genommen ersetzbar sind.

Doch Stress ist tückisch. Er schleicht sich langsam in unser Leben, baut sich zum Fundament für weitergehende psychische Krankheiten auf und lässt sich durch jede schlechte Stimmungslage noch erhöhen. Sie kennen vielleicht das Phänomen, dass Ihnen die schmutzigen Socken der Kinder im Treppenhaus an einem sonnigen Sommersonntag völlig gleichgültig sind, während die gleichen Socken nach einem mühseligen Arbeitstag zu einem Wutausbruch führen können. Stress ist zudem ein formidabler Weg in die Depression oder noch weiter in den Burn-out, den finalen Zusammenbruch unter der selbst auferlegten Last, der Sie mindestens zwei Jahre Ihres Lebens kostet, bevor Sie wieder auf den Beinen sind. Natürlich leiden wir nicht deswegen unter Stress, weil wir zu wenig berührt werden. Allerdings verhindert unsere latente Berührungsarmut, dass wir rechtzeitig runterkommen, statt im Dauerstress zu kollabieren. Die stresssenkende Wirkung von angenehmen Berührungen ist erwiesen, auch wenn die genaue Wirkungsweise noch nicht ganz klar ist. Um das zu verstehen, müssen wir zunächst einmal wissen, was Stress überhaupt ist.

Generell ist Stress die Reaktion des Körpers auf Anforderungen, die über dem normalen Maß liegen. Man unterscheidet zwischen Alltagsstress und sogenannten Major-Life-Events, massiven Ereignissen im Leben, die extremen Stress auslösen, etwa schwere Krankheiten oder der Verlust eines geliebten Menschen. Evolutionsgeschichtlich betrachtet ist Stress ein wichtiger Notfallmechanismus, der den Körper alarmiert und ihm hilft, am Leben zu bleiben. Durch die Stressreaktion waren Menschen früher in der Lage, adäquat auf akute Bedrohungen zu reagieren. Energiereserven wurden mobilisiert, und das Herz wurde angeregt, um den Organen Sauerstoff zu liefern. Wer verfolgt wird oder in anderer Weise um sein Leben kämpft, leidet unter körperlichem Stress, die meisten Menschen laborieren heute allerdings primär an psychosozialem Stress. Extremer Leistungsdruck ist der klassische Auslöser, den wir vom Arbeitsplatz direkt in die Freizeit übernehmen. Wir stehen rund um die Uhr unter Spannung. Die Schlafqualität wird beeinträchtigt, unter Umständen kommt Angst auf, auch das Gedächtnis kann darunter leiden.

Das schlägt sich auch hart aufs körperliche Befinden. Zu viel Stress steckt hinter vielen Symptomen, die die verschiedensten Organsysteme vom Gehirn über das Immunsystem und die Gefäße bis hin zur Haut betreffen. Das hängt mit unserem Nervensystem sowie den Hormonen zusammen. Wir Mediziner sprechen in diesem Zusammenhang vom vegetativen Nervensystem, das autonom agiert, also nicht von unseren Gedanken willkürlich beeinflusst werden kann. Es besteht neben dem Darmnervensystem aus dem Parasympathikus, der den Körper zur Ruhe bringt und somit für die Regeneration verantwortlich ist, sowie seinem Gegenspieler dem Sympathikus, der die Hauptrolle bei der Stressverarbeitung spielt. Er wird bei jeglicher Belastungssituation aktiviert und ist sofort zur Stelle. Er sorgt dafür, dass genügend Sauerstoff und Energie zur Verfügung gestellt werden. Dazu erweitert er beispielsweise die Atemwege, stimuliert die Herzaktivität durch Erhöhung des Pulses, lässt den Blutdruck steigen und mobilisiert Energiereserven für die Zellen in Form von Zucker und Fettsäuren. Doch so schnell, wie der Sympathikus bei einer belastenden Situation anspringt, so rasch schraubt er seine Aktivität auch wieder zurück.

Stress bewirkt aber nicht nur die Aktivierung des Sympathikus, sondern auch eine vermehrte Ausschüttung der klassischen Stresshormone Adrenalin und Cortisol. Adrenalin ist ein extrem aufputschendes Hormon und regt etwa Atmung und Herz an oder unterstützt den Transport von energieliefernden Stoffen ins Blut. Adrenalin hat jedoch unter den zahlreichen Hormonen in unserem Körper die kürzeste Halbwertszeit, was bedeutet, dass seine Wirkung nach erfolgreich abgeschlossenem Auftrag binnen Sekunden wieder nachlässt. Cortisol wirkt ähnlich wie Adrenalin, allerdings moderater. Dafür hemmt es aber auch verschiedene Arme des Immunsystems. Auch Cortisol wird innerhalb von ein paar Stunden wieder komplett abgebaut.

So weit ist Stress also noch nicht dramatisch. Zum Problem wird Stress erst dann, wenn wir zwischen den belastenden Situationen nicht mehr zur Ruhe kommen. Die permanente Aktivierung des Sympathikus steigert das Risiko für Herz-Kreislauf-Erkrankungen, das ständige Ausschütten von Adrenalin erhöht dauerhaft den Blutdruck, und der hohe Cortisolpegel macht uns nicht nur anfälliger für Infektionen, sondern beeinträchtigt auch die Nervenfunktionen im Gehirn, was zu Gedächtnisstörungen und auch in die Depression führen kann.

Dauerstress macht krank. Für den stetigen Druck, dem wir uns aussetzen, gibt es eigentlich nur eine mögliche Antwort: Entspannung. Doch genau die finden wir nicht. Hier kommt wieder die Berührung ins Spiel. Über den Zusammenhang von Stressabbau und spezifischen Massagemethoden sind wir bereits in Kapitel zwei eingegangen. Doch es muss nicht immer der Shiatsu-Therapeut sein, der den Knoten löst. Es hat sich gezeigt, dass selbst simples Händchenhalten den Gestressten im Nu erden kann. An der Universität von Virginia, um nur eine der Untersuchungen zu diesem Thema zu zitieren, erhielten verheiratete Frauen im Rahmen einer Studie einen leichten Elektroschock, der massive Stresssymptome auslöste. Währenddessen hielten sie entweder die Hand ihres Ehepartners, die Hand eines Fremden oder gar keine Hand. Sie wurden danach zu ihrem subjektiven Stressgefühl befragt und die Aktivität des Gehirns mittels Magnetresonanztomographie visualisiert. Die Stressreaktionen der Frauen waren am geringsten, wenn sie die Hand ihres Ehepartners gehalten hatten. Aber auch das Halten einer fremden Hand war besser, als gar niemanden zu spüren. Auch andere Studien kamen zu ähnlichen Ergebnissen. Die Interpretation liegt nahe, dass das Kuschelhormon Oxytocin, das, wie wir wissen, bei angenehmem Körperkontakt vermehrt ausgeschüttet wird, aktiv Stress dämpft. Das würde auch schlüssig erklären, warum Menschen in gut funktionierenden Partnerschaften, die einander oft im Arm halten, im Schnitt weniger stressgeplagt sind als unberührtere Mitbürger. Sie kommen gar nicht erst in die permanente Dauerstresssituation, weil sie sich durch liebevolles Miteinander zwischenzeitliche Entspannungsphasen verschaffen.

Ein liebevolles familiäres Umfeld ist also extrem wichtig, um Stress gar nicht aufkommen zu lassen oder ihn abzubauen. Es klingt zwar heutzutage ein wenig konservativ und verstaubt, aber Studien haben zeigen können, dass glücklich Verheiratete eine tendenziell bessere Gesundheit aufweisen als Singles. Glückliche Familienmenschen leben außerdem länger als Singles und werden weniger depressiv. Zu diesem Schluss kommen Theodore F. Robles und Janice K. Kiecolt-Glaser aus Ohio, die im Jahre 2003 eine Übersichtsarbeit mit dem Titel *Die Physiologie der Ehe* verfasst haben. Als Gründe für die Zufriedenheit bei Verheirateten werden ein erfülltes Geschlechtsleben, ökonomische Absicherung, aber auch soziale Unterstützung durch den Partner genannt. Eine glückliche Ehe schützt aber auch durch positive Gefühle und eine gesündere Lebensweise vor Krankheiten und Stress. Letzteres wurde zum Beispiel bei über 500 StudentInnen der Universität von Chicago untersucht. Die Studenten mussten Computerspiele, die wirtschaftliche Themen zum Inhalt hatten, absolvieren. Der Test versetzte die Teilnehmer in einen ordentlichen Stress, da ihnen vorher mitgeteilt wurde, dass ein positives Abschneiden sowohl für ihr weiteres Studium als auch ihr späteres Berufsleben von besonderer Bedeutung wäre. Außerdem konnten die Studenten bei dem Spiel auch reelles Geld verlieren, so dass alles in allem der Versuch für die ahnungslosen »Versuchskaninchen« eine anständige Belastung darstellte. Dabei wurde vor und unmittelbar nach dem Test im Speichel das Stresshormon Cortisol gemessen. Es zeigte sich, wie zu erwarten war, dass die Ausnahmesituation zu einer massiven Ausschüttung des Stresshormons führte.

Mit diesem Ergebnis hatten die Forscher gerechnet. Wahrscheinlich nicht jedoch mit einem anderen Zusammenhang, den sie möglicherweise sogar nur zufällig analysiert hatten. Interessanterweise war nämlich bei beiden Geschlechtern der Cortisolspiegel von Studentinnen und Studenten ohne eine feste Beziehung höher als bei Verheirateten. Die geringste Stressantwort hatten dabei Verheiratete mit Kindern. Der Autor schließt daraus, dass eine Ehe eine dämpfende Wirkung auf die Cortisolantwort bei psychischem Stress hat. Obwohl das Ergebnis der Studie beziehungsweise die Schlussfolgerung des Kollegen für einen verheirateten Mann wie mich Balsam für die Ohren ist, habe ich noch eine andere Interpretation parat. Als Vater oder Mutter von drei Kindern weiß man genau, was es heißt, gestresst zu sein, sich ständig am Limit und seinen körperlichen und psychischen Grenzen zu bewegen. Daher können ein simpler Computertest und billige Androhungen mich – und wahrscheinlich auch andere Eltern – nicht aus der Ruhe bringen

Milchmädchenrechnung

Laufen wir ständig unserem Wohlbefinden, unserer Zufriedenheit, unserem Glück hinterher, verkürzen wir uns unnötig das Leben, das wir zudem als Dauergestresste in seiner Fülle gar nicht mehr genießen. Die meisten von uns können sich ohnehin glücklich schätzen. Doch anstatt das zu achten, was wir haben, schielen wir neidisch, ob die anderen denn nicht noch besser dran sind, im materiellen wie immateriellen Sinn. Das verstellt uns den Blick auf unser Glück und hindert uns daran, Zeit in zwischenmenschliche Beziehungen zu investieren, die für die innere Zufriedenheit wichtiger wären als jede Sprosse, die auf der Karriereleiter erklommen wird.

Wissenschaftliche Untersuchungen belegen, dass eine zufriedene Grundstimmung das Leben verlängert. Zum Beispiel wurden in einer ethisch vielleicht zweifelhaften Studie Versuchspersonen mit Schnupfen und Grippeerregern infiziert und beobachtet, ob sie daran erkrankten. Menschen mit einer positiven Gemütslage wurden signifikant seltener krank als Menschen, die weniger gut drauf waren. In einer anderen Untersuchung wurden über 6000 Männer und Frauen über fünfzehn Jahre lang hinsichtlich des Auftretens einer koronaren Herzkrankheit beobachtet. Glückliche und zufriedene Probanden wiesen ein deutlich geringeres Risiko für das Herzleiden auf als die, die im Trübsinn dahin schwelgten.

Durch eine positive Lebenseinstellung und innere Zufriedenheit werden auch neurobiologische Mechanismen wie etwa eine geringere Aktivierung des Stresssystems in Gang gesetzt, die dem Körper unterm Strich gut tun. Es wurden zum Beispiel geringere Herzfrequenzraten und Stresshormonspiegel bei Personen mit positiver Gemütslage beschrieben. Zufriedene Menschen reagieren weniger intensiv auf Stress und können diesen auch besser abfedern. Generell stellen Berührungen und Zärtlichkeit die Grundlage einer friedlichen Kultur dar. Der Psychologe James Prescott konnte zeigen, dass Kulturkreise, die ihren Kindern ein hohes Maß an Zuneigung zukommen ließen, sie vor allem eng am Körper trugen, lange stillten und ihnen kein Leid zufügten, die niedrigsten Diebstahlsraten, Selbstverstümmelungen oder Ängste haben und seltener auf kriegerische Aktivitäten setzen.

5 Berührungen bekommen und genießen

Zärtliche Finger streicheln liebevoll meinen Hals. Ein Bein nähert sich meinen Beinen und verhakt sich in meinem linken Fuß. Ganz sanft spüre ich den Atem der Fremden, die sich ausgehend vom Fuß nach und nach sanft an meinen Rücken schmiegt. Die Konturen im luftigen Raum beginnen sich im Dämmerdunkel bei sphärischen Klängen aufzulösen. Die meisten haben ohnehin die Augen geschlossen, kosten es voll aus, umarmt, gedrückt, gestreichelt und bekuschelt zu werden und gleichzeitig selbst Liebkosungen auszuteilen. Als sich ein weiterer Unbekannter mir zuwendet mit dem offensichtlichen Bedürfnis, von mir in den Arm genommen zu werden, steige ich aus. Die plötzliche Nähe ist mir zu viel, und ich setze mich abrupt auf. Das tut der kuscheligen Stimmung glücklicherweise keinen Abbruch, in Wahrheit bemerkt niemand meine Flucht. Ich stelle mich zu Seminarleiterin Andrea Kiss an den Rand der riesigen Matratze und bin nunmehr stiller Beobachter. Erstaunt über das flotte Tempo, in dem sich völlig Fremde hier binnen anderthalb Stunden nahe gekommen sind, blicke ich auf ein Knäuel aus ineinander verschränkten Beinen, Armen und Fingern, aus aneinander gedrückten Rümpfen, Rücken und sogar Gesichtern. Unablässig streichen Hände und Finger über Schenkel, Nacken oder Bäuche. Mein Blick bleibt kurz an einem Paar hängen, das sich, völlig ineinander verkeilt, gegenseitig so inbrünstig über Nase, Mund und Augen streicht, wie man es sonst nur im Zustand schwerster Verliebtheit tut. Zu ihrer Rechten gibt sich eine Dreiergruppe voll der Zärtlichkeit hin. Es kommt mir vor wie Gruppensex, nur ohne Sex und voll bekleidet. Andrea Kiss, die Leiterin der Kuschelparty, wacht darüber, dass es auch so bleibt.

Dies war ein Erlebnis von Anita Ericson bei einer Kuschelparty.

Es war noch nie so einfach, angenehme Berührungen zu bekommen

»Es geht hier einzig und allein um die absichtslose Berührung. Absichtslos im sexuellen Sinn«, erklärt Andrea Kiss die Idee ihrer Kuschelpartys, die sie rund einmal im Monat veranstaltet. »Die nichtsexuelle Berührung ist bei uns im Alltag völlig untergegangen, und als Erwachsene haben wir es längst verlernt, uns einfach nur angenehm zu berühren, ohne gleich mit Hintergedanken zu spielen.« Sie sieht ihre Kuschelseminare als einen Experimentierraum, wo man in einer Art Laborkonstellation mit Berührungen und Körperkontakt spielen und frische, neue Erfahrungen sammeln kann. Kiss: »Gleich mit drei, vier Personen, die man vorher nie gesehen hat und die man wahrscheinlich auch nie wieder treffen wird, in innigen Körperkontakt zu treten, ist eine Erfahrung, die völlig losgelöst vom Alltag ist. Solche zärtlichen Umarmungen passieren normalerweise nur in einer Paarkonstellation, wo auch das sexuelle Verlangen eine Rolle spielt. Doch bei einer Kuschelparty wird nicht analysiert oder großartig darüber nachgedacht, wir folgen einfach nur unseren Instinkten, was uns eine unglaublich direkte Körpererfahrung beschert. Plötzlich nehmen wir unseren Körper wieder wahr, und wenn ich einmal in der Körperwahrnehmung bin, dann lösen sich alle Zweifel und Bedenken auf.«

Durch Lockerungs- und Entspannungsübungen im ersten Teil der Party, deren Höhepunkt die Kuschelorgie auf der Matratze ist, sollen Hemmungen, die uns der Verstand in den Weg legt, fallen. Denn so einfach legt man die Gedanken nicht beiseite, die bei jeder liebevollen Berührung sofort wieder nachfragen, ob das denn jetzt sicher nicht erotisch gemeint sei, weil mit dem wolle man ja eigentlich doch nicht ... Offensichtlich war Anita Ericson jedenfalls zu kontrolliert, um in den richtigen Kuschel-Groove zu kommen. Kiss lächelt: »Machen Sie sich nichts draus, mir ging es bei meiner ersten Kuschelparty ähnlich. Mir wurde allerdings bewusst, mit welchen Vorbehalten ich durchs Leben gehe. Diese hab ich dann bei meiner zweiten Party an der Garderobe abgegeben und war völlig hingerissen – es war so ein tolles Gefühl.«

Kuschelpartys sind eine Erfindung aus New York. Der Sexualtherapeut Reid Mihalko und seine Partnerin, die Beziehungsberaterin Marcia Baczynski, hatten dabei ursprünglich Menschen in Beziehungen im Visier, die über Kuschelpartys ihre gegenseitige Körperlichkeit hätten wiederentdecken sollen. So richtig eingeschlagen ist die Idee dann allerdings bei den Singles. Mittlerweile ist in den USA daraus eine richtige Bewegung geworden, und auch im deutschen Sprachraum finden Kuschelpartys regen Zulauf. Dahinter steckt die unerfüllte Sehnsucht nach Nähe. Die oberflächlichen Motivationen sind dabei so unterschiedlich wie die Menschen selbst. Der eine etwa kommt, weil er vor drei Wochen mit seiner Freundin Schluss gemacht hat und ihm das Kuscheln so fehlt. Der andere ist geradezu süchtig nach diesen Orgien, er plant seine Wochenenden im Einklang mit den Terminen von Kuschelpartys im Umkreis von 200 Kilometer. Die eine ist alt und lebt im Alltag berührungslos. Die andere hat bei einem Yoga-Lachseminar davon gehört und will das jetzt auch ausprobieren.

Andrea Kiss veranstaltet in Wien seit einigen Jahren kontinuierlich solche Partys. »Im Schnitt kommen zwischen acht und zwanzig Leute. Männer kommen ebenso wie Frauen, Zwanzigjährige ebenso wie Achtzigjährige«, erklärt Kiss mit einer breit ausladenden Handbewegung. »Interessanterweise scheuen Jüngere oft den Kontakt mit alter, faltiger Haut. Mehr als einmal habe ich allerdings nachher gehört, wie angenehm weich diese doch gewesen sei«, lacht Kiss. Besonders spannend seien jedoch immer die Begegnungen zwischen zwei Männern. »Ich konnte schon öfter beobachten, wie beim großen Kuscheln ein Mann abrupt zur Seite gewichen ist – genau in dem Moment wo er bemerkte, dass er gerade Streicheleinheiten von einem anderen Mann genießt!«

Für jede Kuschelparty gibt es klare Regeln und einen strengen Ablauf. Zunächst wird getanzt und spielerisch aufeinander zugegangen, danach massieren sich die Teilnehmer gegenseitig, und nach einer Pause geht es ab auf die Matte. Hier steht Andrea Kiss nun und wacht penibel über die Sitten: »Erogene Zonen sind absolut tabu. Die Kleidung bleibt an. Küssen ist verboten. Das ist wichtig, denn jeder, jede muss sich fallen lassen können und vertrauen.« Sehr zum Leidwesen der zwölf Teilnehmer ruft Andrea Kiss nach einer Dreiviertelstunde Intensivkuscheln wieder in die Realität zurück. Es dauert einige Minuten bis alle im Kreis sitzen, um ihre Erfahrungen des heutigen Abends auszutauschen. »Heute werde ich nicht nach Hause gehen. Ich werde nach Hause schweben«, fasst die knapp zwanzig Jahre alte Uschi die Stimmung zusammen.

Eine Umarmung for free

Juan Mann bevorzugt eine weniger intime Kuscheltechnik, was bei seiner Methode auch angeraten ist, denn er nimmt wildfremde Menschen auf der Straße in die Arme. »Nachdem ich Hunderte, Tausende Umarmungen mit Menschen aus der ganzen Welt geteilt habe, sind mir ein paar Dinge aufgefallen. Eine Umarmung besteht aus drei Komponenten: der Position der beiden zueinander, der Konfiguration ihrer Arme umeinander und der Platzierung der Hand. Die perfekte Umarmung für mich ist ein sanftes Knuddeln mit feiner Armtechnik und einer Prise Rückenreiben«, sagt Mann, der die Anatomie der Umarmung gründlich studiert hat.

Der Australier Juan Mann zieht mit einem Pappschild um den Hals, auf dem »Free Hugs« steht, durch die belebten Straßen Sydneys und bietet allen Passanten eine Gratisumarmung an. Die Idee wurde aus seinem eigenen Berührungsnotstand geboren: »Ich ging von London zurück nach Sydney, als meine Familie auseinander fiel, meine Verlobte mich verließ und mein Leben in Scherben zu liegen schien. Die letzten Worte, die mein Vater an mich richtete, bevor meine Familie in London eigene Wege ging, waren: ›Du kannst die Welt nicht verändern, aber du kannst einen Unterschied machen.‹ Aber welche Welt? Ohne Familie oder Zweck, welchen Unterschied könnte ich machen? Ich hatte keine Vorstellung«, sagt Mann. Monatelang lebte er allein in den Blue Mountains, hatte wenig Kontakte zur Außenwelt.

»Jeden Tag erinnerte ich mich an den Moment, als ich am Flughafen von Sydney ankam. Ich stand nur da am Ankunftsterminal und beobachtete die anderen Passagiere, wie sie ihre wartenden Freunde und Familienmitglieder mit offenen Armen und lächelndem Gesicht begrüßten. Sie umarmten sich, lachten miteinander, waren glücklich, sich zu sehen. Sogar Fremde hatten Menschen, die auf sie mit einem Namensschild warteten. Ich sah in erwartungsvolle Gesichter, gespannt, wer sie wohl abholen würde. Ich hätte so gerne jemanden gehabt, der da draußen auf mich wartet. Der glücklich ist, mich zu sehen und mich anlächelt. Der mich umarmt. Ich fand es hart, mich in der Welt zurechtzufinden, und die Welt hatte Probleme, mich zu akzeptieren. Menschlicher Kontakt war darauf reduziert, dass Kassierer meine Hand beim Herausgeben von Wechselgeld streiften. Nach ein paar Monaten purer Einsamkeit spürte mich ein alter Freund in den Blue Mountains auf. Er rief mich an und lud mich zu einer Party ein, um mich zu ermutigen, wieder unter Menschen zu gehen und erneut Vertrauen in die Welt zu fassen. Ich stand in einem Eck des Partyzimmers und sah Leuten zu, wie sie die Gegenwart der anderen genossen. Ich fragte mich: Ich habe nichts zu reden, mir fällt nichts ein, andere zum Lächeln zu bringen. Was kann ich nur tun, andere fröhlich zu stimmen? Was kann ich tun, um mich selbst fröhlich zu stimmen? Während ich so in Gedanken versunken dastand, kam eine Dame aus der Menge auf mich zu, lächelte mir in die Augen und schlang ihre Arme um mich. In diesem Moment entdeckte ich etwas, was ich gut kannte, aber in meiner Traurigkeit offenbar vergessen hatte. Ich fand das eine Puzzleteil, das mir fehlte, seit ich allein lebte. Von dieser jungen Dame wurde ich das erste Mal seit geraumer Zeit umarmt. Umarmungen sind unglaublich. Ich fühlte mich glücklicher. Meine Probleme waren zwar weiter ungelöst, die Welt hatte sich nicht verändert, aber die Umarmung machte einen Unterschied in meinem Leben. Ich wusste sofort, was ich zu tun hatte. Ich wollte mir ein Schild malen mit der Aufschrift ›Free Hugs‹ und diese jedem anbieten. Egal wie reich oder wie arm, wie alt oder wie jung. Ein Free Hug würde gratis sein, und zwar gratis für alle. Egal woher du kommst oder wohin du gehst oder wer um dich ist, du kannst immer eine Umarmung in den Armen eines anderen finden. Du musst nur danach fragen.«

Am 30. Juni 2004 gab sich Juan Mann den Ruck, diese Idee in die Tat umzusetzen. Er berichtet von seiner allerersten öffentlichen Umarmung: »Sie steht vor mir, trocknet ihre Augen. Ich stehe seit fünfzehn Minuten hier in der Mitte der Pitt Street Mall in Sydney. Das Lächeln auf meinem Gesicht ist zittrig, nervös. Hunderte von Menschen sind in wenigen Minuten an mir vorbei gegangen. Manche haben auf mich gezeigt und gelacht, andere sind einfach stehen geblieben und haben mich angestarrt. Aber diese Frau im lilafarbenen Sweater mit passendem Rock? Sie bleibt stehen. Sie tätschelt meinen Arm, während sie mit der anderen Hand Tränen aus ihrem Gesicht wischt. Sie erzählt mir, meine Idee hätte ihrer Tochter gefallen. ›Meine Tochter‹, sagt sie, ›hätte dich umarmt. Sie wäre ungefähr in deinem Alter gewesen. Sie starb bei einem Autounfall vor einem Jahr – auf den Tag genau.‹ Heute sei sie schon traurig aufgestanden, nur um festzustellen, dass der Hund ihrer Tochter über Nacht verstorben war. Die letzte Verbindung zu ihr war dahin. Sie vergrub ihn im Garten und ging aus dem Haus, um nach irgendeinem Streifen am Horizont zu suchen. Nur ein Hinweis, der ihr Hoffnung geben sollte. Stattdessen fand sie mich. Einen nervösen Free-Hug-Debütanten.

›Nun, wie tun wir's?‹, fragt sie mich.

›Ich dachte, wir umarmen uns, und dann schauen wir einmal‹, kann ich nur stammeln, während ich die Arme öffne. Wir fallen uns in die Arme, unsere Gliedmaßen ein einziges Gewirr, bevor wir zu einer sanften, tröstenden Umarmung finden. Die Probleme in meinem Leben schmelzen dahin. Ich bin sicher in den Armen einer Mutter. Ich bin glücklich, jetzt eben hat sie mein Leben bereichert. Ich bin sicher, es mag mein erster Free Hug sein, aber mit Sicherheit nicht mein letzter. Wir gehen auseinander, sie hält meine Arme knapp über dem Ellbogen und lächelt aus überquellenden Augen: ›Junger Mann, hör niemals auf, das zu tun. Es bedeutet mehr, als du jemals wissen wirst.‹ Sie trocknet sich die Augen mit dem Handrücken und geht. Ich beobachte sie, wie sie in der Menge verschwindet, bevor es mir dämmert. Ich werde sie nie, niemals wiedersehen. Sie wird niemals wissen, wie wichtig diese Umarmung für mich war. Dieser Free Hug hat mein Leben verändert«, sagt Mann.

Tatsächlich änderte diese Umarmung sein Leben dramatisch. Schon nach seinem ersten Tag hatte er E-Mails aus aller Herren Länder in seiner Mailbox, und so rief er die Free Hugs Campaign, die Kampagne für Gratisumarmungen, ins Leben, die mittlerweile viele Länder erfasst hat. Zwischenzeitlich wurde sie in Sydney aus Versicherungsgründen sogar untersagt. Es ging um die Frage, wer zahlt, wenn bei der Umarmung etwas passiert. Sachen gibt es …

Bei der Free-Hugs-Kampagne geht es laut ihrem Erfinder darum, dass man den Tag eines anderen ein wenig heller gestalten kann, dass man Leute treffen und der Welt zeigen kann, dass Fremde nicht so übel sind. Es dreht sich alles darum, Leute zusammenzubringen und einen glücklichen Moment zu teilen, bevor man wieder, sich ein wenig leichter fühlend, in die Welt enteilt. Es geht um Leute, die füreinander da sind. Wer sich traurig und allein auf der Erde fühlt, dem hilft es, mit anderen zu sprechen, mit ihnen ein Lachen zu teilen, jemanden zu haben, der seine Arme um einen schlingt und damit versichert, alles ist okay.

Wer nicht warten will, bis er zufällig einem Free Hugger begegnet, darf sich selbst ran machen. Pappschild gemalt, in die Fußgängerzone gepilgert, vielleicht die Videokamera in Position gebracht, damit der Moment für immer bei YouTube festgehalten wird. In einer Onlinebroschüre auf seiner Website www.freehugs campaign.org gibt Mann Tipps zum richtigen Umarmen. Da gibt es die A-Position, bei der beide ein wenig auseinander stehen und sich nur im Schulterbereich berühren, oder die männliche Umarmung, die eine Kombination aus Händeschütteln und Umarmen ist, oder die Heb- und Drehumarmung, bei der der Kräftigere den anderen umarmt, ihn dabei hochhebt und ihn einmal rundherum wirbelt.

Die intensivste Erfahrung verspricht die Cuddle-Position, die Knuddelstellung. Bei dieser Umarmung verbleibt kein Platz zwischen den beiden Huggern. Die Körper werden eng aneinander gedrückt, die Arme umeinander geschlungen. Normalerweise knuddelt man nur Menschen, die einem sehr nahe stehen, die Kinder, den Partner, allerbeste Freunde. Wer beknuddelt wird, fühlt sich geliebt, weiß instinktiv, dass er seinem Gegenüber etwas bedeutet. Eine gute Knuddelumarmung kann helfen, nach einem stressreichen Ereignis wieder zu entspannen, auch wenn sie von einem Fremden kommt. Juan Mann berichtet in seiner Broschüre von einem seiner eindrücklichsten Cuddle-Momente: »Ihre herabhängenden Schultern und ihre mascaraverschmierten Wangen stechen aus der Menge heraus, als sie in meine Richtung kommt. Die junge Frau klammert sich an ihr Handy, in der anderen Hand trägt sie zerknüllte Taschentücher. Sie schlurft schluchzend auf mich zu und verzieht ihren zitternden Mund zu einem Lächeln. Sie tupft sich die Nase mit einem Taschentuch. ›Mein Freund hat mir heute Morgen den Laufpass gegeben, er hat sich in meine beste Freundin verliebt. Die beiden waren mein Leben.‹ Sie wickelt sich in meine Arme, vergräbt ihr Gesicht in meiner Jacke und schlingt die Arme um mich. Es ist eine zärtliche Umarmung, ein Moment der Barmherzigkeit zwischen zwei Fremden.«

Begrüßungsrituale

Letztendlich ist ein Free Hug auch ein formidables Mittel gegen soziale Phobie. Wer einem komplett Fremden eine Umarmung spenden kann, der kann alles! Freilich ist das eine harte Therapie, die nicht für jedermann geeignet ist. Aber die Idee, mehr Eigeninitiative in Sachen Körperkontakt an den Tag zu legen und dabei ein wenig über die Qualität unterschiedlicher Berührungen zu reflektieren, lässt sich aufgreifen und in den Alltag integrieren.

Wie wir bereits festgestellt haben, gibt es in egalitären Beziehungen keine fixen Regeln, wer wen wann wie berühren darf. Das heißt, es liegt im eigenen Ermessen, die Freunde lediglich mit einem flapsigen »Hi« zu begrüßen oder ihnen dazu die Hand zu reichen respektive sie freundschaftlich zu umarmen. »Jede Gruppe legt ihre eigenen Kodizes fest. In Künstlerkreisen etwa geht man sehr offen und herzlich aufeinander zu. Man umarmt sich innig, nicht nur bei der Begrüßung ist Körperkontakt üblich. Distanz ist hier völlig fehl am Platz«, sagt Tanzschulbetreiber und Benimmexperte Professor Thomas Schäfer-Elmayer. Wie so viele andere, mit denen wir über das Thema Berührungen gesprochen haben, sagt auch er ganz klar: »Mit einem Händedruck zur Begrüßung etabliere ich eine ganz andere Nähe im folgenden Gespräch als ohne.« Legt man gar die zweite Hand beim Händeschütteln noch oben drauf, signalisiert das eine besondere Verbundenheit. Überhaupt kann eine begrüßende Berührung, die die Hauptberührungsform in unserem Alltag ist, äußerst diffizile Formen annehmen. Da ist zum einen der Händedruck. Er ist bei uns häufig der erste (und einzige) Körperkontakt zwischen zwei Menschen. Er bringt nicht nur mehr Nähe in die Beziehung, im Idealfall verstärkt er auch die Sympathie, die dem Gegenüber entgegengebracht wird. Ein übertrieben kräftiger Druck, bei dem der andere um seine Knochen fürchtet, schießt dabei übers Ziel hinaus. Der Geber möchte Dynamik und Entschlossenheit vermitteln, was beim Empfänger rasch als Rücksichtslosigkeit oder Angeberei ankommt. Sein Gegenteil, der feucht-lasche Händedruck vermittelt dafür Unsicherheit oder Angst – oder völlige Ahnungslosigkeit. In vielen Kulturen zählt das Handgeben nicht zum Repertoire, einen Japaner oder Thailänder etwa überfordert man restlos, hält man ihm die Hand hin. Bei uns hingegen ist Händeschütteln eines der letzten verbliebenen körperlichen Rituale, und ideal ist ein fester, aber nicht übertriebener Händedruck, verbunden, ganz, ganz wichtig, mit einem geraden Blick in die Augen.

Zum anderen setzt sich die Umarmung immer mehr durch. Bei jüngeren Leuten hat das Bussi-Bussi-Ritual das förmlichere Handgeben weitgehend abgelöst. Das bedeutet aber noch nicht automatisch mehr Nähe, denn wie so oft kommt es auch hier auf die Qualität an.

Der US-amerikanische Sexualtherapeut David Schnarch hat sich eingehend mit der Sprache der Umarmung befasst. Er stellte fest, dass sich Menschen häufig falsch umarmen. So ist etwa die Umarmung in Vorbeugehaltung, bei der Wangen und Schultern sich berühren, sich die Gegenüber aber steif machen und eventuell sogar den Bauch einziehen, lediglich eine Formalie. Beide wollen im Grunde genommen nichts spüren und greifen auf diese Weise zu einer aseptischen Lösung. Eine Umarmung kann sogar eine Entfremdung hervorrufen, wenn man dabei verspannt, verstimmt oder mit den Gedanken abwesend ist. Dann werden die Emotionen nur vorgetäuscht, was der andere unweigerlich merkt. Wie schon erwähnt, mit dem Körper kann man nicht lügen. Achten Sie bei Ihren nächsten Begrüßungen einmal auf Ihre eigene und die Körpersprache des Gegenübers, Sie werden erstaunt sein, was Ihnen ein Händedruck oder eine Umarmung alles sagen können, wenn Sie nur drauf hören. David Schnarch empfiehlt das sogenannte A in der Umarmung: Wenn sich beide auf Unterarmlänge gegenüberstehen und sich zueinander beugen, bilden sie ein A, mit dem sie sich auch gegenseitig stützen. Das Wesen der Umarmung ist nach Ansicht von Schnarch, dass jeder den Körper des anderen spürt, wobei man lieber abbrechen soll, wenn sich Unbehagen einstellt. Eine gute Umarmung entlastet den Körper, lockert und öffnet ihn.

»Die umarmende Begrüßung kennen wir aus dem arabischen Raum. Dass sich Männer dort umarmen, hat einen historischen Ursprung: Früher wollte man so tasten, ob der andere unbewaffnet ist. Die Römer wiederum waren bekannt für ihren festen Griff, mit dem sie die Muskeln des schwerttragenden Unterarms des Gegenübers einschätzten«, weiß Schäfer-Elmayer um die Hintergründe verschiedenster Begrüßungsrituale.

Legendär ist der Handkuss. Bei uns gilt er mittlerweile als veraltet, doch das ist nicht überall so. In Osteuropa etwa ist er auch heute noch extrem verbreitet. Elmayer: »Ich war vor kurzem geschäftlich in Bukarest. Tatsächlich küssten sämtliche Herren dort die Hände der anwesenden Damen – bei einem Businessmeeting! Das wäre bei uns absolut unüblich.«

Dass der Handkuss nur gehaucht werden darf, stimmt im Übrigen nicht, wie uns Schäfer-Elmayer versichert: »Man küsst nur unbehandschuhte Hände, darf dabei aber sehr wohl die Haut der Dame mit den Lippen leicht berühren. Man tat es bloß früher nicht, weil man vermeiden wollte, eine Stelle mit dem Mund zu berühren, wo schon ein anderer Mund vorher war.«

Der Handkuss wurde von den Habsburgern in Österreich eingeführt. Ursprünglich stammt er aus Spanien, wo er als adäquate Begrüßung für kirchliche Würdenträger erfunden wurde. Daraus entwickelte sich eine Ehrbezeugung für Damen, die heute gerade noch von älteren Herren angewandt wird.

Die Einführung des folgenden Begrüßungsrituals im eigenen Bekanntenkreis dürfte hingegen auf Schwierigkeiten stoßen, auch wenn dieses besonders sinnlich ist. Eskimos begrüßen einander bekannterweise mit einem Nasenkuss. Allerdings reiben sie entgegen landläufiger Meinung nicht nur Nase an Nase, sondern stecken ihre Nase auch an die Wange oder die Halsgrube des Gegenübers. Es handelt sich hierbei um den äußerst praktischen Riechgruß, der gleich zwei Sinne bedient, den Tast- und den Geruchssinn. So weiß ein Eskimo gleich, ob er die neue Bekanntschaft »riechen kann«. Solche Begrüßungsrituale sind auch im asiatischen Raum, etwa in Tibet, Thailand oder der Mongolei, verbreitet.

Aber auch im Gespräch muss man nicht immer distanziert bleiben. Wir erinnern uns an die Gesprächspartner im karibischen Puerto Rico, die im Schnitt drei Mal pro Minute kurz nach dem Gegenüber greifen, um das Gesprochene mit Gesten wie Schulterklopfen, Handtätscheln oder Armschubsen zu unterstreichen.

Das wäre bei uns freilich zu dicht, doch fassen Sie sich ein Herz und greifen Sie in besonders emotionalen Momenten mal nach dem Freund oder der Freundin. Sie werden erstaunt sein, wie stark das auch Ihre Gefühle intensiviert.

Gib mir fünf

Wenn Sie nicht gerade Bauer, Maurer, Krankenschwester oder Ähnliches sind, wenn Sie also einen typischen Bürojob ausüben, ist Sport der beste Ausgleich zum stundenlangen Sitzen vor dem Computer. Dass Sport in den richtigen Maßen gesund ist, dürfen wir als allgemein bekannt voraussetzen. Doch Sport kann weit mehr, als bloß medizinische Werte verbessern. Womit wir wieder beim Thema wären, dass Körper und Geist zusammenhängen. Mir beispielsweise gibt es eine Menge, wenn ich bei einem Waldlauf meinen Kopf wieder frei machen kann. Ich brauche das, um meinen Gedanken, die sich manchmal im Laufe eines Tages voller Konzentration wie eine Last auf mich legen, die Schwere zu nehmen. Wie viele andere Menschen auch bin ich kinästhetisch veranlagt, das heißt, Bewegung tut mir unendlich gut und hilft, die Gedanken zu ordnen und zu gewichten. Was auch immer mir auf der Seele liegt, schrumpft bei einer einsamen Joggingrunde durch den Wald auf seine wahre Größe zusammen. Laufen hilft mir, Stress abzubauen, mich positiv zu stimmen und mich gut zu fühlen.

Das allein sind an sich schon gute Gründe, sich nach geistiger Arbeit ins körperliche Work-out zu stürzen. Fitnesscenter boomen, und das ist der Beweis, dass es vielen Menschen ähnlich geht wie mir. Wer nur kommt, um abzunehmen, hält das nämlich nicht lange durch. Allerdings lohnt es sich, nachzudenken, welcher Sportart man sich widmen möchte, denn wer einsam durch den Wald joggt oder alleine am Cross-Trainer strampelt, verzichtet auf einen der schönsten Aspekte des Sports: das Miteinander. Gerade heute, wo wir ohnehin schon so viel Zeit allein vor dem Computer oder dem Fernseher verbringen, ist ein Mannschaftssport eine der besten Möglichkeiten, sich wieder ins reale soziale Netz zu werfen und den Schreckgespenstern Einsamkeit und Isolation zu entkommen.

Wenn man gemeinsam gegen einen Rivalen kämpft, gehen die Emotionen hoch, und damit fallen auch alle Berührungshemmungen, die wir sonst im Alltag mit uns rumschleppen. Sehen Sie sich mal den Torjubel von Fußballern bewusst an. Fällt Ihnen sonst noch eine Situation ein, in der man es als normal empfindet, dass sich junge Männer in innigsten Umarmungen gegenseitig zu Boden reißen? Egal ob man Volleyball oder Handball, Feldhockey oder Eishockey wählt, Berührungen sind immer inklusive. Eine Studie der Universität Berkeley in Kalifornien über die nationale Basketballliga NBA hat übrigens ergeben, dass berührungsfreundliche Teams und Spieler, die sich häufiger umarmten, einen Klaps auf den Hintern gaben oder ordentlich »High-Fives« austeilten, mehr Spiele gewannen und erfolgreicher waren, als berührungsarme Mannschaften oder Spieler.

Das Gros der Sportarten wird indes individuell ausgeübt. Trotzdem kann man vom Gruppengeist profitieren, wenn man einem Verein beitritt. Anstelle etwa alleine durch den Wald zu laufen, trabt man dann eben regelmäßig in der Gruppe und fährt gemeinsam zu Wettkämpfen. Im Falle guter Leistungen wird man dann nicht nur mit einem Pokal, sondern auch mit lieben Umarmungen belohnt. Das funktioniert für fast jede Sportart, von Armbrustschießen bis Zehnkampf.

Weniger liebevoll sind die Umarmungen, die man beim Judo austeilt beziehungsweise einstecken muss. Dennoch tun sie unglaublich gut, denn sie lassen Aggressionen auf zulässigem Weg verpuffen. Kampfsport ist das legitime Ventil für Erwachsene, die sich nicht mehr über kindliche Raufereien entladen dürfen. Um bei Judo, Karate & Co gut zu sein, muss man nämlich zunächst den eigenen Körper beherrschen, und über diesem Umweg kanalisiert sich jede Aggression auf ein gesundes Maß. Sämtliche asiatischen Kampfkünste stehen zudem in spirituellem Kontext und dienen damit neben der körperlichen Ertüchtigung vor allem auch der Entwicklung einer starken Persönlichkeit.

Zu guter Letzt möchte ich Sie noch aufs Tanzen aufmerksam machen. Der Salsakurs, das Tangotraining oder die Walzerstunden eignen sich wunderbar, um unsere Berührungsdefizite auszugleichen. Berührungen passieren beim Tanzen nicht bloß zufällig und nicht nur mit den Händen, die Körper aneinanderzuschmiegen ist grundsätzlicher Bestandteil der Choreographie. Nicht umsonst ziert auch das Cover meines letzten Ernährungsbuches *Fitness geht durch den Magen* ein harmonisch tanzendes Möhren-Bananen-Pärchen.

Berührungstechnisch besonders auf seine Kosten kommt man bei den erotischen Tänzen der Karibik wie Rumba oder Salsa, beim argentinischen Tango, dessen Philosophie es ist, die Frau als willenloses Geschöpf übers Parkett zu führen, und beim Walzer. Wussten Sie, dass der Walzer lange Zeit verpönt war, weil es als unsittlich galt, fremden Menschen gegenteiligen Geschlechts so nahe zu kommen?

Die Magie der verliebten Berührung

In der Tanzstunde oder im Tennisclub lassen sich zudem zarte Bande knüpfen. Man lernt den anderen oder die andere mit allen Sinnen kennen, bevor man sich näher kommt. Man kann ihn sehen und seine Stimme hören, hat ihn ausgiebig beschnuppert und weiß auch schon, wie er sich anfühlt. Es werden also zuerst die Sinne geweckt, bevor man den Verstand miteinbezieht, der ausloten soll, ob auch sonst alles passt.

Leider hat dieser bewährte Weg der Partnerfindung nahezu ausgedient. Wer heute auf der Suche nach einem Partner für den nächsten Lebensabschnitt ist, geht den umgekehrten Weg und loggt sich zunächst bei einer Kontaktbörse im Internet ein. Da wird rasch überprüft, ob Interessen, Hobbys oder grundsätzliche Weltanschauungen übereinstimmen. Erst dann kommt es zum Treffen. Erst jetzt kann sich erweisen, ob auch die berühmte Chemie stimmt, die eben nur über die Sinne läuft. Entsprechend unsicher und nervös agieren die meisten, wenn sie ihrem E-Mail-Kontakt das erste Mal tatsächlich gegenüberstehen. Bei der hohen Erwartungshaltung ist es dann allerdings kein Wunder, wenn es nicht sofort funkt und man nach dem dritten Date entnervt das Handtuch wirft, weil einfach keine gleichen Schwingungen zu orten sind.

»Machen Sie sich das Leben nicht unnötig schwer«, rät dazu Flirttrainer Gregor Anzengruber aus Baden bei Wien. »Wenn Sie Ihr Gegenüber sympathisch finden, rutschen Sie wie unabsichtlich näher und lassen Sie die Unterarme sich berühren. Stehen Sie auf, legen Sie Ihrem Gegenüber die Hand auf die Schulter und fragen Sie, ob noch etwas von der Bar gewünscht wird.« An der Reaktion merke man schnell, ob der andere interessiert ist oder eben nicht, meint Anzengruber.

»Frauen agieren im Allgemeinen vorsichtig und abwartend, Männer fürchten sich vor Zurückweisung. Ein klassischer Fall:

Ein Mann findet eine Frau toll und denkt sofort, die wird mich nicht wollen. Wenn die Frau dann bei ihrem Motto bleibt, dass der Mann gefälligst die Initiative zu ergreifen hat, ist es Essig mit dem Gedeihen einer neuen Liebe.« In Wahrheit gibt es nichts zu verlieren außer einer großartigen Chance, die weg ist, wenn man nicht, im wahrsten Sinne des Wortes, zugreift. Mittlerweile wissen wir, wie mächtig eine Berührung ist, wie viel sie transportiert und was sie auch hormonell bewirkt. Die zarte Berührung der Hand könnte es sein, die den Funken zündet. Man muss es nur tun.

Mehr Berührungsqualität in der Partnerschaft

Karin und Roland haben sich übers Internet kennengelernt. Das war vor fünf Jahren, und nach der ersten Phase rasender Verliebtheit sind sie in die typische Falle gestolpert: »Wir hatten uns riesig auf den Urlaub gefreut. Drei Jahre war es her, dass wir zuletzt gemeinsam auf Reisen gewesen waren. Drei Jahre, in denen wir uns auf unsere Karrieren konzentriert und praktisch gar nichts mehr gemeinsam gemacht hatten. Abends und am Wochenende waren wir zu ausgepowert, um großartige Unternehmungen zu starten. Es war uns beiden klar, dass wir einen neuen Impuls für unsere Beziehung brauchten. Das sollte der Urlaub sein, den wir lange geplant und gebucht hatten. Vierzehn Tage Sonnenschein auf der Kykladeninsel Amorgos, in nostalgischer Reminiszenz an unsere verliebte Phase, in der wir vier Wochen durch Griechenland getrampt waren. Wahrscheinlich waren unsere Erwartungen zu hoch gesteckt, vielleicht war der Riss in unserer Ehe auch wirklich nicht mehr zu kitten. Anstatt verliebt Hand in Hand gen Sonnenuntergang zu spazieren, wie wir uns das ausgemalt hatten, stritten wir, dass die Fetzen flogen. Nur wenige Wochen nach unserer Rückkehr trennten wir uns endgültig.«

»Liebe, die sich nicht jeden Tag selbst erneuert, wird erst Gewohnheit und dann Sklaverei«, brachte der englische Philosoph Khalil Gibran das Dilemma auf den Punkt. Karin und Roland hatten ausgerechnet im Urlaub festgestellt, dass sie sich nichts mehr zu sagen und nichts mehr zu geben hatten. Wie Fremde standen sie sich gegenüber und gingen automatisch auf Distanz. Ihnen war die körperliche Nähe des anderen im Alltag unvertraut geworden, und das plötzliche Aufeinanderkleben hatte das Gegenteil dessen bewirkt, was der eigentliche Zweck des Urlaubs gewesen war. Die beiden wollten wieder zueinander finden, mussten aber feststellen, dass die Entfremdung bereits zu groß war. Im täglichen Leben hatten sie übersehen, dass ihre Berührungen, so sie denn überhaupt noch stattfanden, reine Routine geworden waren. Jetzt, wo sie sich bewusst berühren wollten, erkannten sie, dass hinter den mechanischen Gesten nichts mehr übrig war.

Geistige Entfremdung basiert auf der körperlichen Ebene. Haben Sie also einen Partner, den Sie gerne noch länger behalten möchten, gestalten Sie jede Berührung bewusst! Halten Sie ihn, um ihn zu behalten!

Sie werden rasch merken, wie gut das Ihrer Beziehung tut. Robert Rogner junior hat viel über das Thema nachgedacht: »Unsere alltägliche Berührungskultur umfasst gerade noch das Begrüßungsritual, und das war's dann auch schon. In der Beziehung wird wenig Zeit für Berührungen ›verschwendet‹, bis man richtig verlernt hat, den anderen zu berühren. Man weiß gar nicht mehr: Ist der überhaupt noch angreifbar für mich? Und alles, was wir an Berührungsdefiziten haben, wird versucht, über das Sexuelle zu kompensieren.« Intime Befragungen vieler Frauen haben ergeben, dass nicht wenige das Kuscheln beim Vorspiel schöner finden als den eigentlichen Akt, dass sie Sex überhaupt nur haben, damit sie zu Streicheleinheiten kommen. Der Geschlechtsverkehr ist dann der Preis, den sie dafür zahlen.

Doch eine liebevolle Berührung muss nicht zwangsläufig im sexuellen Akt enden. Wenn wir uns das einmal bewusst machen, können wir auch öfter einfach so mal zugreifen. »Wir leben derzeit in einem schnellen Takt. In diesen Rhythmus müssen wir auch die Berührung integrieren«, sagt Rogner dazu. »Bei uns in der Therme haben die Gäste einen ungewöhnlichen Raum und auch die nötige Zeit, zu experimentieren. Alles was gefällt, kann dann im Alltag eingebaut werden.«

Eine Massage beispielsweise muss nicht von professioneller Hand ausgeführt werden, um wirksam zu sein. Wenn der eigene Partner zärtlich über den Körper streicht, kommt es wahrscheinlich zu einer noch höheren Ausschüttung des Kuschelhormons Oxytocin, das für die innere Zufriedenheit zuständig ist und die zwischenmenschlichen Bande festigt.

Als kleine Anregung hier die Spielanleitung zur Fußball EM 2008, wie sie in jenem Sommer in jedem Zimmer der Therme Bad Blumau in Österreich zu finden war:

1. Einlauf der Teams auf dem Fußballplatz: Bringen Sie Ihren Partner in eine bequeme Lage.
2. Aufstellung: Verteilen Sie etwas Massageöl in Ihren Händen und wärmen es durch das Reiben der Handflächen.
3. Anpfiff – das Spiel ist eröffnet: Massieren Sie sanft das Massageöl auf die Haut Ihres Partners, um ihn mit dem zarten Duft der Essenzen zu entspannen.
4. Kopfball: Eine leichte Massage an den Schläfen und an der Stirn bewirken Wunder.
5. Freistoß: Nützen Sie die Chance, direkt oder indirekt die richtige Stelle zu finden, auch ein abgewehrter Ball ist den Versuch wert.

6. Gelbe Karte: Seien Sie behutsam bei jeder Berührung des Partners, sonst droht Ihnen der Ausschluss.
7. Elfmeter: Konzentrieren Sie sich auf den Körper Ihres Partners.
8. Foul durch den Gegner: Ihre Massage am Körper sollte nicht zu fest sein.
9. Tor: Sie massieren gut, wenn Ihr Partner zu schnurren beginnt.
10. Spielerwechsel: Sollten Ihre Hände müde werden, kann Ihr Partner sicher mit einer kurzen Nackenmassage behilflich sein.
11. Halbzeitpause: Jetzt haben Sie den Partner fünfzehn Minuten lang für sich, schalten Sie den Fernseher ab und nützen Sie die Zeit für eine Umarmung.
12. Anpfiff zur zweiten Halbzeit: Um die Durchblutung wieder in Form zu bringen, starten Sie erneut mit einer sanften Massage am ganzen Körper.
13. Eigentor: Hin und wieder gönnen Sie sich selbst einen Tropfen Öl auf der Haut, welche diese geschmeidig belebt und erfrischt.
14. Fehlentscheidung des Schiedsrichters: Seien Sie vorsichtig bei empfindlichen Körperstellen.
15. Letzte Spielminute: Die Intensität der Massage bestimmen Sie selbst.
16. Verlängerung: Wir empfehlen ein sanftes Streicheln der Haut kurz vor dem Ende.
17. Schlusspfiff: Nun ist es Ihnen überlassen, Ihren Sieger zu feiern.

So banal es klingen mag: Das war der Renner!

Modewort Wellness

Vor ein paar Jahren habe ich mir an einem verregneten, kalten Herbsttag in Istanbul die »Mutter aller Wellnessbehandlungen«, einen Besuch in einem Hamam, gegönnt und dabei erfahren, wie es ist, »wiedergeboren« zu werden.

Der etwa 450 Jahre alte Çemberlitaş Hamam wurde zur Blüte des Osmanischen Reiches gebaut und liegt in der Nähe des großen Bazars. Nachdem ich mir ein Peştemal, ein dünnes Tuch, um die Hüften gewickelt hatte, legte ich mich auf den Göbek Taşı, einen großen runden Marmorstein von etwa zehn Metern Durchmesser im großen Baderaum. Über mir spannte sich eine prächtige Kuppel, die durch das Sonnenlicht, das aus zahlreichen kleinen runden Fenstern hineinschien, erhellt wurde. Um den zentral gelegenen Göbek Taşı herum befanden sich etwa ein Dutzend Nischen, in denen sich die Gäste aus kleinen Kupferschüsseln, Tas genannt, waschen konnten. Fast nichts erinnerte hier an die Gegenwart – vielleicht nur das Schlüsselarmband aus Plastik für meine Kabine, das an meinem Handgelenk baumelte. Wo kann man heutzutage noch das Gefühl erleben, dass das Jetzt komplett ausgeschaltet ist, dachte ich begeistert und genoss die Zeitlosigkeit, bis ich irgendwann am Oberarm berührt wurde.

Neben mir stand ein recht korpulenter Keseci, so heißen die Masseure im Hamam, der mich bat, mich auf den Bauch zu legen. Nachdem er sich raue Leinenhandschuhe angezogen hatte, fing der Keseci an, mit festen, tangentialen Bewegungen meinen Körper zu reinigen. Mit der Zeit kam unter den sich ablösenden dunklen Hautschuppen meine jungfräuliche Hülle zum Vorschein. Gegen Ende der »Reinigung« tauchte der Masseur einen großen Schwamm in Seifenwasser und schäumte mich damit von Kopf bis Fuß ein, so dass aus mir eine große Seifenblase wurde, die in allen Regenbogenfarben schillerte. Nachdem er die Seife weggewaschen hatte, verabschiedete sich der Keseci mich mit einem »Geçmiş Olsun!«, was so viel heißt wie »Gute

Besserung« oder »Gratuliere, Sie haben es gut überstanden«. Ich fühlte mich nach dieser guten Viertelstunde wie frisch aus dem Geburtskanal geschlüpft – neugeboren und vor allem »Hamam-rein«. Ich ruhte mich noch eine Weile aus, trank einen frischgepressten Orangensaft und verließ dann nach insgesamt drei Stunden den Hamam.

Es war noch nie so einfach, an angenehme Berührungen zu kommen wie heute. Wellness boomt, weil der Berührungshunger in der westlichen Welt sehr groß ist und die Wellnessindustrie genau diese Marktlücke perfekt füllt. In den Slogans geht es vollmundig um die »Steigerung des persönlichen Wohlbefindens«, in Wahrheit dreht sich alles darum, dass es hier Menschen gibt, die sich Zeit für einen nehmen, indem sie wohltuende Berührungen spenden. Es geht also um die seelische und die körperliche Komponente. Die Abrundung durch Bäder in wohlig warmem Wasser tut ihr Übriges, denn hier dürfen wir uns einmal frei von allen Sorgen fühlen, wie damals im Bauch unserer Mutter.

Das Schlüsselwort aber lautet Massagen.

»Es geht selten nur um die Massage per se. Es geht auch um Aufmerksamkeit. Die Leute kümmern sich heute nicht mehr umeinander, also kauft man sich halt eine Stunde Menschlichkeit«, sagt Masseur Florian. Er arbeitet im Wiener Massageinstitut »Beste Hände« des Louis-Braille-Hauses. Florian ist wie viele seiner Kollegen blind. Sein Repertoire umfasst Klassische, Fußreflexzonen-, Lymphdrainage- und Gesichtsmassage sowie Akupressur und Tuina. »Wenn es sich nicht um ein ganz spezielles Problem handelt, das gezielt therapiert gehört, ist die Methode nicht so wichtig«, sagt Florian. »Der Erfolg einer Massage steht und fällt mit dem Masseur.« Damit meint er allerdings nicht dessen Technik, sondern dessen Stimmungslage. Florian: »Durch die direkte Berührung übertrage ich sämtliche meiner Emotionen. Der Massierte spürt es, ob ich angespannt bin oder ärgerlich oder entspannt. Hier bei uns im Institut sind die Arbeitsbedingungen optimal, uns Angestellten geht es gut, wir gehen gerne zur Arbeit, und das macht unsere Massagen so wertvoll. Die Leute rennen uns hier die Bude ein, so gut sind wir gebucht.«

Anita Ericson hatte vor einigen Jahren ein passendes Erlebnis in einem burgenländischen Wellnesstempel: »Eine Dreiviertelstunde lag ich dort auf dem Massagetisch, wurde fachmännisch und nach allen Regeln der Kunst durchgeknetet, doch so richtig anders fühlte ich mich danach nicht. Nun geht mir ein Licht auf. Während ich dort hilflos auf der Liege lag, schüttete mir der Masseur sein Herz aus. Er beklagte sich fortwährend über die schwierigen und stressreichen Arbeitsbedingungen und das mickrige Gehalt.« Als Journalistin fand Anita das Gespräch recht aufschlussreich. Die Massage dazu hätte sie sich allerdings schenken können. Normalerweise ist es genau umgekehrt, und der Masseur wird zum seelischen Sandsack für den Kunden.

Es kann aber auch die Kosmetikerin sein, wie uns Gaby, die in einem feinen Wiener Day Spa in der Beauty-Abteilung arbeitet, verrät: »Bei fast der Hälfte meiner Kundinnen habe ich das Gefühl, sie kommen gar nicht wegen der Anwendung. Sie kommen, weil sie zu wenig Zeit haben und sich ausgepumpt fühlen oder weil sie zu viel Zeit haben und sich einsam fühlen und weil ich ihnen zuhöre.« Wenn sie weinen, zückt Gaby das Taschentuch, wenn sie bedrückt sind, hat sie aufmunternde Worte, wenn sie aufgebracht sind, hat sie beruhigende Streicheleinheiten. »Ich bin gelernte Kosmetikerin, aber ich bin auch Seelentrösterin, beste Freundin oder seelischer Punchingball, je nachdem.« Zu Gaby kommen Hofratswitwen, Vorstandsgattinnen, Jungunternehmerinnen und Frauen mit dem Beruf »Tochter«. Vereinzelt finden auch Männer den Weg zu ihr, Manager oder Werbegurus oder Unternehmensberater, die besonders hungrig nach zarten Berührungen sind. Bei

Männern sei sie besonders wachsam, sagt Gaby, seit ein erfolgreicher Banker sich in sie verliebte. Er hatte ihre professionelle Aufmerksamkeit inklusive Zärtlichkeit mit echter Zuneigung verwechselt. Wenn Gaby die Last, die andere ihr auf die Seele kippen, zu viel wird, greift sie zu einem Trick: »An sich mag ich meinen Job und bin auch gerne bereit, den geduldigen Engel zu spielen. Aber manchmal schlage ich eine Gesichtsmaske vor und bin erleichtert, wenn die Kundin dann für einige Zeit den Mund halten muss.«

Massage gegen Schmerzen

Wellnessbehandlungen – seien es Massagen, Bäder oder Beautyanwendungen – nähren also unseren Berührungshunger vortrefflich. Darüber hinaus können Massagen noch viel mehr. Es ist wissenschaftlich erwiesen, dass Massagen Stress und Ängste abzubauen helfen, Depressionen vorbeugen und die Aufmerksamkeit erhöhen können.

Das lässt sich durch Hemmung des Stressnervensystems aber auch durch die Hormonwerte erklären. Einer Reduktion des Stresshormons Cortisol steht wahrscheinlich eine Erhöhung des Kuschelhormons Oxytocin gegenüber. Außerdem lassen sich mit Massagen Schmerzen lindern. Nachdem Schmerzzustände vor allem im Kopf-, Nacken- und Schulterbereich bereits zu den Volkskrankheiten zählen, ein wesentlicher Aspekt.

In einer groß angelegten Untersuchung wurden 300 Patienten mit fortgeschrittenem Krebs in einem Zeitraum von zwei Wochen sechsmal zu je dreißig Minuten massiert oder nur durch Handauflegen behandelt. Beide Interventionen führten zu einer akuten Schmerzreduktion, Massagen waren jedoch effektiver als simple

Berührungen. Beide Gruppen berichteten ferner über eine gewisse emotionale Entspannung und eine Verbesserung ihrer Lebensqualität. In einer Übersichtsarbeit aus dem Jahr 2008, in der von über 1 300 Arbeiten zum Thema Massage und Krebs die zehn besten berücksichtigt wurden, wurde definitiv geschlossen, dass Massage über einen kürzeren Zeitraum in der Lage ist, Ängstlichkeit sowie Symptome wie Schmerzen und Übelkeit bei Krebspatienten zu reduzieren.

Massagen bewirken aber auch vor weniger dramatischem Hintergrund wahre Wunder. Tiffany Field berichtet von Frauen mit chronischen Spannungskopfschmerzen, bei denen zehn gezielte Oberkörpermassagen durchgeführt wurden. Tiefendruckbehandlung und sanftere Massagetechniken wechselten sich dabei ab, besonderes Augenmerk wurde auf die Triggerpunkte gelegt, die »Knoten« in den Muskeln, die vorsichtig, aber kräftig massiert wurden. Am Ende der Studie konnten die Frauen ihren Kopf besser nach links und rechts drehen, und die Anzahl der Tage, an denen sie unter Kopfschmerzen litten, hatte abgenommen.

Als Erklärung für die schmerzhemmende Wirkung einer Massage wird unter anderem die Gate-Theorie herangezogen. Diese bezieht sich darauf, dass Schmerzen über langsam leitende Nervenfasern ins Gehirn übermittelt werden, wohingegen die meisten taktilen Reize, etwa Druck, der bei einer Massage ausgeübt wird, über schnell leitende Nervenfasern das Gehirn erreichen. Die Theorie besagt, dass die schnell geleitete Information das Gehirn als Erste erreicht und bewirkt, dass die Tore für die nachfolgenden, sich langsam fortpflanzenden Schmerzreize geschlossen werden. Eine andere Theorie bezieht sich auf den Tiefschlaf, wo weniger von dem Botenstoff Substanz P, der für die Schmerzweiterleitung wichtig ist, ausgeschüttet wird. Durch regelmäßige Massagen verbrachten Studienteilnehmer eine längere Zeit im Tiefschlaf und schütteten ferner auch weniger Substanz P aus, so dass auch diese

Theorie durchaus eine plausible Erklärung für den positiven Effekt von Massagen auf Schmerzen sein könnte.

Eine dritte Theorie bezieht sich auf die wissenschaftlich nachgewiesene vermehrte Ausschüttung des Botenstoffs Serotonin durch Massagen. Der fast überall im Körper vorkommende Botenstoff Serotonin besitzt vielfältige Funktionen im Körper. Er hat sowohl Einfluss auf innere Organe, etwa das Blut oder den Magen-Darm-Trakt, als auch verschiedenste Wirkungen im Gehirn, wo Serotonin die Stimmungslage, den Schlaf-Wach-Rhythmus, die Nahrungsaufnahme, aber auch die Schmerzweiterleitung beeinflusst. So gesehen weist Serotonin beruhigende und entspannende Wirkungen auf und könnte ein weiterer Grund für die schmerzhemmende Wirkung von Massagen sein.

Massagen für daheim

Allein in Österreich gibt es um die tausend Wellnesshotels und Spas, zahllose kleinere Massageinstitute, freiberufliche Masseure und Praktiker sowie Ärzte, die im Rahmen ihrer Behandlungen auch Massagen einsetzen. Die Liste des Angebots ist schier unendlich, sie reicht von östlichen Energieflussmethoden wie Akupressur oder Shiatsu-Massage über westliche manuelle Methoden wie die klassische Sportmassage bis hin zu allerlei Phantasievollem wie etwa Schokolademassagen.

Doch noch einmal: Eine Massage ist immer nur so gut, wie die Befindlichkeit des Masseurs es zulässt. Unter Umständen erzielt der hingebungsvolle Amateur positivere Effekte als der grantige Profi, vor allem wenn es vorrangig ums Wohlbefinden und nicht um ein spezifisches gesundheitliches Problem geht.

Aus diesem Grund werden unter dem Titel »Partnermassagen«

allerorten auch einschlägige Schnellkurse angeboten, die zum Teil auch erotische Kniffe beinhalten.

Etwas tiefer in die Materie dringt man mit Touch for Health ein, einer kinesiologischen Diagnostik- und Massagemethode, die östliche Heilkunst mit westlichen Erkenntnissen vereint und die sich insofern optimal für den Hausgebrauch eignet, als die Grundkenntnisse an vier Wochenenden vermittelt werden können. Silvia Seiser ist Touch-for-Health-Trainerin: »Der Kernpunkt ist der Muskeltest. Jedem der bei uns verwendeten vierzehn Meridiane ist ein Muskel zugeordnet. Über einen simplen Griff kann ich feststellen, ob die Energie gut im Fluss oder blockiert ist. Im nächsten Schritt gleiche ich Blockaden durch Massagen aus. Dazu habe ich verschiedene Techniken. Die sanfte Massage der neurolympatischen Punkte, die mit unserem Lymphsystem zusammenhängen. Das leichte Berühren der neurovaskulären Haltepunkte am Kopf, die mit den Nerven und den Blutgefäßen zusammenhängen. Weiters das Meridianziehen sowie das Drücken der Akupressurpunkte. Bei Bedarf kann ich dem Klienten noch Bewegungsübungen für daheim mitgeben, die die beiden Gehirnhälften integrieren sowie Ernährungstipps, die Touch for Health abrunden.«

Seiser ist zwar als Ausbilderin aktiv, wendet Touch for Health aber nur im eigenen Freundes- und Bekanntenkreis an. »Das Schöne daran ist, dass es leicht und für jedermann erlernbar ist – und dass es wirkt! Gerade Verspannungen und Stress mit allen dazugehörigen Symptomen lassen sich mit wenigen Anwendungen drastisch reduzieren«, sagt Seiser und kann dem Vorwurf nichts abgewinnen, Kinesiologie sei wissenschaftlich nicht anerkannt: »Für mich ist Touch for Health aber meine ›energetische Hausapotheke‹.«

Ein Touch gegen sitzenbleiben

»Setzen Sie sich aufrecht hin, schließen Sie die Augen, und strecken Sie die Arme zur Seite. Stellen Sie sich nun vor, Sie legen die rechte Hirnhälfte in Ihre rechte Hand und die linke Hirnhälfte in Ihre linke. Führen Sie die Arme langsam zusammen, bis sich die Fingerspitzen vor Ihnen berühren. Bleiben Sie zwei Minuten lang so sitzen und konzentrieren Sie sich einfach nur auf Ihre Atmung«, sagt Andrea Watzl, »das ist eine einfache Übung, die ich immer mache, um mich zu zentrieren. Das unterscheidet unsere Methode, den Therapeutic Touch, nämlich nennenswert von vielen, vielen anderen. Zuerst muss ich persönlich meine Aufmerksamkeit ins Hier und Jetzt bringen, bevor ich am Patienten zu arbeiten beginne. Nur so kann ich achtsam sein und auch feinste Details wahrnehmen.« Bevor Watzl mit der berufsmäßigen Massage loslegt, sucht sie also ihre Mitte, sie würde niemals Hand an einen Patienten anlegen, wenn sie nicht mit sich im Reinen ist, zumindest für diesen Moment. Watzl: »Dort, wo ich meine Aufmerksamkeit hin richte, dorthin fließt auch meine Energie. Und das muss der Patient sein. Ich habe viel Übung, kann mich also sehr schnell zentrieren.«

Andrea Watzl ist diplomierte Gesundheits- und Krankenschwester, wie ihre Berufsbezeichnung im schönsten Amtsdeutsch lautet, und Leiterin des »European Therapeutic Touch Institute« in Wien. Therapeutic Touch ist eine sehr diffizile Massagemethode, die empathische und therapeutische Berührungen nach dem Prinzip der fließenden Energie vereint. »Das Ziel ist eine Harmonisierung des menschlichen Energiefelds. Vor einer Therapeutic-Touch-Behandlung wird der aktuelle Zustand des Energiefelds eingeschätzt und dokumentiert. Unausgewogenheiten werden mit Bezeichnungen wie Hitze/Kälte, Fülle/Leere, Blockade oder Stagnation beschrieben. Durch eine gezielte, sanfte Berührung des Körpers wird während der Behandlung mit speziellen Techniken der Energiefluss gelenkt und harmonisiert und somit das energetische Gleichgewicht unterstützt. Patienten nehmen dieses Umleiten und Verändern ihres Energiefelds meistens als Wärme, Kribbeln oder Fließen wahr«, sagt Watzl. Therapeutic Touch wurde vor rund dreißig Jahren von Dolores Krieger und Dora Kunz aus den USA auf Basis alter Heilweisen als Pflegetechnik für den Einsatz in Krankenhäusern und Arztpraxen entwickelt.

Mit Therapeutic Touch können nicht nur Stress und Ängste abgebaut, sondern auch Schmerzen und Schlafstörungen reduziert werden. Ebenso kann die Immunabwehr gestärkt oder die subjektive Befindlichkeit verbessert werden. Therapeutic Touch kann daher als komplementäre Begleitmaßnahme zur Unterstützung konventioneller Therapien bei zum Beispiel chronischen Erkrankungen, verschiedenen Schmerzzuständen, bei Erkrankungen des Stütz- und Bewegungsapparats sowie in der Begleitung von Chemotherapiepatienten eingesetzt werden.

Obwohl wir mittweile schon sehr viel darüber wissen, wie liebevolle Berührungen wirken und was man mit gezielten Techniken erreichen kann, ist es doch immer wieder verblüffend, wie wirkungsvoll Massagen sein können. Doris Kerbler ist Mitarbeiterin des TT-Instituts in Wien, und sie arbeitet mit an sich gesunden Jugendlichen: »Leider ist es so, dass Jugendliche heutzutage den höchsten Stress von allen haben. Viele haben daheim kein richtiges Nest, die Pubertät wirft sie aus dem Gleichgewicht, und die Anforderungen in der Schule steigen. So sind wir gemeinsam mit dem Wiener Lern-Zentrum WALZ auf die Idee gekommen, vierzehn- bis neunzehnjährigen Schülern Therapeutic Touch anzubieten. Am Anfang war ich sehr skeptisch, ob und wie die Schüler das Angebot annehmen würden. Jugendliche sind sehr kritisch, haben keine Scheu, dies auch zu äußern, wollen einen raschen, unmittelbar spürbaren Effekt wahrnehmen. Im Gegensatz zu Krankenhauspatienten, die ich sonst betreue, sind es gesunde Jugendliche auch nicht gewöhnt, berührt zu werden. Andererseits haben Jugendliche im Vergleich mit Erwachsenen weniger festgefahrene Muster, Ungleichgewichte im Energiesystem werden schneller und effizienter ausgeglichen, Entspannungsprozesse setzen rascher ein.«

Kerblers Befürchtungen waren unnötig, ihre Stunden in der Schule sind überbucht. »Ich lerne weniger und habe bessere Noten«, ist der Tenor … im optimalen Fall.

Die siebzehnjährige Tina berichtet beispielsweise: »Ich komme, weil ich vor Prüfungen Angst habe und immer sehr aufgeregt bin – und das ist nicht immer so toll. Da komm ich wieder ein bisschen runter, und meine Energie kommt wieder ins Fließen. Es ist einfach angenehm, ich fühl mich danach aufgetankt, gelassen.«

Ähnliches erzählt auch Florian: »Mir ist es nachher immer viel besser gegangen, vor allem vor Prüfungen, da hat es besonders geholfen. Als alles so stressig war, da war ich immer total nervös. Doch nach der TT-Sitzung war ich bei der Prüfung komplett entspannt.«

Liebe zum Lebensende

Natürlich profitieren auch ältere Menschen von liebevollem Körperkontakt. Bereits einige Studien dokumentierten diesbezüglich den Zusammenhang von Massagen und allgemeinem Wohlbefinden im fortgeschrittenen Lebensalter. Franz Kitzler, der an der Schule für Gesundheits- und Krankenpflege im niederösterreichischen Horn unterrichtet, sagt dazu: »Die Berührungsqualität verändert sich im Laufe des Lebens. Kleine Kinder mit ihrer zarten Haut werden noch gerne geknuddelt, doch gegenüber alten Menschen überwiegt oft der Ekel. Landet der alte Mensch dann im Pflegeheim oder Krankenhaus, steht dort die medizinische Betreuung im Vordergrund, da geht es mehr um quantitative Leistungen. Das Pflegepersonal steht unter hohem Druck und nimmt die notwendigen Arbeiten meist mechanisch vor. Es wird gar nicht darüber nachgedacht, dass es auch anders ginge. Wenn man überhaupt darüber nachdenkt, geht man davon aus, dass es reicht, wenn die Berührung ihre Funktion erfüllt. Also etwa den Patienten zu säubern oder im Bett aufzusetzen. Doch es mangelt an qualitativer, an achtsamer, an liebevoller Berührung.«

Zu Demozwecken nimmt Kitzler meinen Unterarm und streicht hart und schnell darüber. Danach gibt er mir an der gleichen Stelle fünf sanfte Streicheleinheiten: »Sehen Sie, ich kann einen Menschen so oder so waschen. Beides dauert gleich lang, und sauber ist er nachher auf jeden Fall. Mache ich das Ganze jedoch mit Empathie, fühlt er sich auch als Mensch wieder wahrgenommen.«

Kitzlers Erkenntnisse beruhen auf dem Pflegekonzept der »Basalen Stimulation«, das 1975 von Professor Andreas Fröhlich zur Arbeit mit behinderten Kindern und Jugendlichen entwickelt und später auf Altenpflege und Palliativmedizin ausgeweitet wurde. Der Name leitet sich ab von basal –grundlegend oder voraussetzungslos – sowie stimulatio, also Anreiz oder Anregung. Es geht darum, Menschen, die in ihrer Wahrnehmungsfähigkeit eingeschränkt sind, trotzdem noch so viel wie möglich am Leben teilhaben zu lassen. Viele Pflegepatienten sind schwerhörig, stark sehbehindert und können sich kaum bewegen. Oft sind sie dadurch auch apathisch und teilnahmslos.

Franz Kitzler beschreibt, wie man solche Menschen trotzdem noch erreichen kann: »Grundsätzlich berührt eine Berührung. Sie lässt niemanden kalt, es erfolgt immer eine Reaktion darauf. Deshalb ist die Berührung bei uns das Fundament des Dialogaufbaus. Das funktioniert aber nur, wenn sie achtsam ist. Eine rein mechanische Berührung wird niemals zu dem gleichen Ergebnis führen wie achtsamer Körperkontakt. Das ist sogar messbar. Bei sensiblen Patienten, etwa infolge einer schweren Kopfverletzung, kann es schnell passieren, dass Herzschlag, Kreislauf und Hirndruck entgleiten. Wenn ich nun die Berührung emotional anwende, bleibt der Patient im Allgemeinen stabiler, als wenn ich rein mechanisch an ihm herumfuhrwerke. Das habe ich selbst recht oft erlebt. Natürlich ist das für mich als Pfleger sehr schwierig, da muss ich aufpassen, dass ich selbst nicht ausgelaugt werde. Aber genau das wollen wir unseren Schülern beibringen.«

Die achtsame Berührung ist freilich nur der Kernpunkt dieses Konzepts, das wahrnehmungsbeeinträchtigte Patienten über somatische (Haut und Muskulatur), vestibuläre (gezielte Bewegung) und vibratorische (Skelettsystem) Reize anspricht. Sämtliche Sinne werden zusätzlich gefördert mit dem erklärten Ziel, dass sich der Patient wieder selbst wahrnimmt. Im Idealfall ist er imstande, eine elementare Raum-Zeit-Orientierung aufzubauen und eine Beziehung zur umgebenden Wirklichkeit herzustellen. Es lohnt sich also durchaus, nachzufragen, bevor man die eigenen Eltern schweren Herzens ins Pflegeheim bringt, ob man dort nach diesem modernen Konzept arbeitet.

Anfänglich war Franz Kitzler von der Basalen Stimulation gar nicht so überzeugt. Mittlerweile ist er ein Verfechter davon: »Ich hatte einmal einen vierzigjährigen Wachkomapatienten, der auf absolut nichts reagierte. Nachdem ich über seine Biographie herausgefunden hatte, dass er ein eher introvertierter Mensch ist, habe ich angeregt, ihn in eine ruhige, abgedunkelte Koje zu legen. Als ich dann dort über eine sanfte Initialberührung Körperkontakt herstellte, begann er tatsächlich, sich leicht zu bewegen. Also habe ich mich mit gezielten Berührungen an ihn herangetastet, und an seinen Reaktionen war deutlich zu merken, dass er seine kognitiven Fähigkeiten nicht verloren hatte. Vier Wochen lang habe ich mit ihm gearbeitet, in denen er sich nach und nach geöffnet hat. Dabei hätte es gut sein können, dass er durch eine falsche Berührung meinerseits wieder völlig abblockt. Das ist aber glücklicherweise nicht passiert. Heute ist er ein gesunder Mensch.«

Arche Noah unterwegs

Nicht jeder Senior ist schwer krank. Viele sind jedoch einsam und kapseln sich nach dem Tod des Lebenspartners gänzlich von ihrer Umwelt ab. Frau Schneider ist ein typisches Beispiel. Sie sitzt versammelt mit den anderen Bewohnern des Seniorenheims, in dem sie neuerdings zu Hause ist, beim Kaffeekränzchen, bleibt aber in ihrer eigenen Welt. Sie spricht kaum und nimmt keinen Anteil am Leben ringsum. Als man ihr die Schildpatt-Katze Theo auf den Schoß setzt, dauert es genau eine Minute, bis sich ein Lächeln auf ihr Gesicht legt, und sie beginnt zu plaudern.

Hund, Katze, Kaninchen oder Hamster gegen Einsamkeit. Wie ein kleines Kind freut sich Herr Peter die ganze Woche auf Freitagnachmittag. Dann kommt Anna mit ihrer Labradorhündin Elsa auf Besuch. Herr Peter ist Bewohner des CS-Hospizes (Caritas-Socialis) am Wiener Rennweg. Für ihn ist der Besuch der verspielten Hündin eine willkommene Abwechslung im Heimalltag. Elsa hat an diesen Nachmittagen viel zu tun, und sie ist stets mit größtem Einfühlungsvermögen im Einsatz. Von dem einen lässt sie sich überschwänglich knuddeln und drücken, den anderen fordert sie auf der Terrasse zum Ballspielen auf, und den dritten, der bettlägerig ist, stupst sie ganz vorsichtig an der Hand.

Theo und Elsa und all die anderen ehrenamtlichen Therapietiere bringen alten Menschen etwas Sonne in ihren Lebensabend.

Sie können aber noch viel mehr. Zum Beispiel gegen schlimmste seelische Verletzungen ankämpfen. »Die fünfzehnjährige Sophie lag nach einer Vergewaltigung für Monate im Krankenhaus. Sie hatte kaum Appetit und starrte stundenlang mit verlorenem Blick vor sich hin. Gesagtes drang nicht zu ihr durch, und sie weigerte sich strikt, aus dem Zimmer zu gehen. Als die Eltern weder aus noch ein wussten, kamen sie zu mir und baten mich, Sophie mit meinem Therapiehund zu besuchen. Das bewirkte wahre Wunder, schon nach kurzer Zeit ging sie mit mir und dem Hund an der Leine ins Café. Sie wurde aufgeschlossener und fröhlicher. Sie genießt es in vollen Zügen, den Hund zu streicheln, von dem sie sich angenommen fühlt. Die Begegnungen mit ihm haben ihr Selbstwertgefühl enorm gesteigert. Außerdem gibt er ihr Sicherheit, in ihrer Situation ein ganz entscheidender Faktor«, berichtet Helga Widder von einem Fall, den ihr Verein TAT – Tiere als Therapie – betreut.

Den Verein gibt es seit fast 25 Jahren und er ist europaweit eine der größten einschlägigen Organisationen. Die ehrenamtlichen Mitglieder von TAT betreuen mit ihren Tieren erfolgreich Menschen aus benachteiligten Gruppen wie etwa körperlich und geistig Behinderte, verhaltensauffällige Kinder und Jugendliche, alte Leute auf Pflegestationen und Schwerstkranke. »Wir gehen auch auf Wachkomastationen. Nahezu bei allen Patienten bekommen wir eine Reaktion, auch bei jenen, die auf menschliche Berührungen überhaupt nicht reagieren. Eine ehemalige Patientin hat mir dann erzählt, sie hat alles mitbekommen und es als höchst angenehm empfunden, das weiche Meerschweinfell zu spüren«, so Widder.

»Im Rahmen eines Projekts besuchen wir aber auch Kinder und Jugendliche in einem sonderpädagogischen Zentrum. Das heißt auf gut Deutsch, die Kinder sind schwer verhaltensauffällig und zum Teil als gemeingefährlich eingestuft. Sie haben wirklich vieles hinter sich und das Vertrauen in ihre Mitmenschen komplett verloren. Ihnen allen ist ein großer Berührungshunger gemein, sie stürzen sich regelrecht auf unsere Hunde, um sie zu streicheln und sich an sie zu schmiegen. Es ist schön zu sehen, was unsere Hunde alles bewirken. Da war etwa eine Jugendliche, die nicht mit uns sprach. Doch nach dem fünften Besuch verabschiedete sie sich plötzlich mit dem Satz: ›Danke, dass Sie da waren.‹ Oder der neunjährige Junge, der so verkrampft und verspannt war, dass er eine ganz schnarrende Stimme hatte. Nach einigen Besuchen sprach er im Beisein der Hunde plötzlich ganz normal. Ich hätte noch viele ähnliche Geschichten. Sie zeigen, dass die verstörten Jugendlichen durch die Begegnung mit dem Tier das Tor zu ihrer Seele wieder einen Spalt öffnen.«

Helga Widder besitzt drei Hunde und zwei Katzen. Die Hunde züchtet sie selbst. Es sind Pulis, ungarische Hirtenhunde mit Korkenzieherlocken, die bis zum Boden reichen. Die kommen bei Jugendlichen besonders gut an. Oft schon hat sie die Worte gehört: »Ah, da kommt Bob Marley.« Bewährt hat sich der Einsatz der TAT-Menagerie auch bei körperlich Behinderten, wo die Tiere auch Aufgaben eines Physiotherapeuten übernehmen, indem sie etwa durch stetiges Auffordern zum Ballspielen die Armmuskulatur des Patienten stärken. »Unter tiergestützter Therapie versteht man alle Maßnahmen, mit denen durch den gezielten Einsatz eines Tieres positive Auswirkungen auf das Erleben und Verhalten von Menschen erzielt werden sollen. Das gilt für körperliche wie für seelische Erkrankungen. Als therapeutische Elemente werden dabei emotionale Nähe, Wärme und unbedingte Anerkennung durch das Tier angesehen.« So definiert der Psychologe Dr. Gerald Gatterer die Arbeit des TAT.

Das Tier darf aber durchaus auch größer sein. Mag. Michaela Stegner hat sich als Psychotherapeutin auf Kinder und Jugendliche spezialisiert. Begleitend dazu bietet sie heilpädagogisches Voltigieren an, bei dem sie ihre Patienten in unmittelbaren Kontakt mit Pferden bringt. Die Kinder sollen, nachdem sie das Pferd geputzt haben, hinaufklettern und dann am nackten Pferderücken verschiedene Turnübungen ausführen. Es gibt keinen Sattel, lediglich einen breiten Gurt, an dem sich die Kinder festhalten können.

Stegner hat im Laufe der Zeit viele Geschichten von Doktor Pferd gesammelt, voller Euphorie sprudelt eine ganz aktuelle Story aus ihr heraus: »Carla ist vierzehn Jahre alt und leidet an Morbus Crohn. Das ist eine chronisch-entzündliche Darmerkrankung mit schweren Nebenerscheinungen. Die Krankheit hatte das Mädchen auch seelisch schwer mitgenommen, deswegen kam sie mit ihren Eltern zu mir in die Praxis. Bloß, ich fand keinen Zugang zu ihr. Sie war völlig blockiert und brach ständig in Tränen aus. Wo sollte ich mit der Therapie anfangen? Also schlug ich vor, dass wir es mit Voltigieren probieren – Turnübungen am Pferd. Vater und Carla zeigten sich wenig begeistert, willigten aber ein. Als sie dann zur Stunde erschien, war sie völlig verklemmt und verspannt und hatte schon wieder Tränen in den Augen. Ich konnte sie davon überzeugen, probeweise aufs Pferd zu klettern. Ich habe mit Pferden bereits viel erlebt, aber das konnte ich selbst fast nicht glauben: Kaum hatte sie auf dem Pferderücken Platz genommen, fing sie an zu grinsen. Nach der Einheit hat sie total gestrahlt. Nun habe ich einen Ansatz und kann beginnen, psychotherapeutisch mit ihr zu arbeiten.«

Durch die Begegnung, die Berührung und die Auseinandersetzung mit dem Pferd, öffnen sich für Stegner oft die Pforten verletzter Kinderseelen, die sonst für lange oder gar immer verschlossen blieben. Schwerst verhaltensgestörte Kinder und Jugendliche finden durch die Pferde wieder Zugang zu Lebewesen und haben damit eine reelle Chance, auch wieder Vertrauen in die Menschen und damit ins Leben zu fassen.

Das ist ein Prozess, der eine Zeit dauert. Es beginnt beim erstmaligen Tätscheln des Fells. Einige kostet es Überwindung, andere laufen mit Feuereifer auf die Pferde zu. Sie alle stellen fest, dass das Tier trotz seiner Größe vollkommen harmlos ist. Es beißt nicht, es tritt nicht, es genießt im Gegenteil die Streicheleinheiten. Viele können so erstmals ihren Berührungshunger stillen, ohne Gefahr zu laufen, sofort wieder verletzt zu werden. Dieses Vertrauen wird auch nicht enttäuscht, wenn es heißt, am Pferd zu turnen. Die Kinder und Jugendlichen erleben die Welt aus einer erhöhten Perspektive, alle müssen plötzlich zu ihnen hochblicken. Sie machen zudem die Erfahrung, dass sie mehr können, als sie sich selbst zutrauen. Ein entscheidender Schritt. Stegner: »Schaff ich es mit meinen Pferden, den Selbstwert des Kindes zu heben, hat es eine Chance, mit dem Leben besser fertig zu werden.«

Pferde mit ihrem Feingefühl seien zudem ausgezeichnete Diagnostiker, sagt Stegner: »Ein vierzehnjähriger Junge wurde zu mir geschickt. Er galt in der Schule als gewalttätig. Er war klein und breit, hatte aber null Muskelspannung. Ich versuchte es mit Bodenarbeit und drückte ihm dazu meinen an sich ruhigen Isländer Rasmus in die Hand. Der Junge begann hektisch mit dem Pferd zu gehen und verfiel schließlich in ein noch hektischeres Laufen. Gut, dachte ich, ich setze ihn auf meine Trakehnerstute und mache Schrittarbeit mit ihm. Doch die Stute begann, ohne mein Kommando zu galoppieren, etwas, was ihr sonst nie einfällt. Da wurde mir klar, das Kind hat eine enorme Power, die es nirgendwo rauslassen kann. Folglich hat es, wenn es in der Schule aufgrund seiner Tollpatschigkeit – die auch eine Folge dieser ungesteuerten Kraft war – gehänselt wurde, einfach zugeschlagen. Das haben meine Pferde sofort gespürt, und ich konnte ihm im Laufe der gemeinsamen Arbeit beibringen, seine Kraft zu lenken.«

Normalerweise fordert Stegner ihre Patienten dazu auf, auf dem Pferd sitzend die Augen zu schließen. Damit fordert sie sie zum Spüren auf, und die Kinder lernen im Gegenspiel mit dem Pferdekörper, sich selbst besser wahrzunehmen. »Ich hatte ein magersüchtiges vierzehnjähriges Mädchen in ein Voltigierlager mitgenommen. Sie war, typisch für ihre Krankheit, entsetzlich ehrgeizig und wollte allerlei Kunststücke üben. Ich war ein wenig verzweifelt, ich wollte ja bloß, dass sie sich einmal richtig spürt. Aber wie so oft in der Arbeit mit Pferden, kam das dann ganz von allein, und das Mädchen entspannte sich zunehmend. Am Ende der Stunde kam sie zu mir und sagte: ›Ich habe mich so leicht gefühlt.‹ Und das bei einer Magersüchtigen! Was für ein toller Erfolg.«

Interessanterweise sprechen halbwüchsige Burschen mit Machogehabe genauso auf die Arbeit mit dem Pferd an wie verstörte kleine Mädchen. »Noch nie in meinen langen Jahren als Voltigiertherapeutin ist ein Kind aggressiv gegenüber einem meiner Pferde geworden. Man mag es kaum glauben, aber ich hatte schon mehrere fünfzehn-, sechzehnjährige gewaltbereite Burschen, denen es das größte Vergnügen bereitet hat, sich in Bauchlage über die Krupp zu legen und von mir zugedeckt zu werden. Die totale Regression in eine Entwicklungsstufe, in der das Leben noch verheißungsvoll schien.« Die Entspannung ist Teil des Rezepts. Entspannt sich der Körper des Reiters, entspannt sich auch das sensible Pferd, wodurch das Sitzen viel angenehmer wird und sich der Körper noch mehr entspannt. Ein höchst positiver Kreislauf. Parallel zu diesen körperlichen Blockaden lösen sich auch seelische Verspannungen. Damit wollen wir sagen, dass Sie nicht schwer verhaltensgestört zu sein brauchen, um von Doktor Pferd zu profitieren. Gönnen Sie sich Reitstunden, und Sie werden merken, dass Sie danach einen wunderbar freien Kopf haben. Auch wenn Ihre Hände möglicherweise ein wenig ländlich riechen.

Der Hund im Bett

Für den privaten Einsatzzweck darf das Tier wiederum durchaus kleiner sein. »Hunde haben für mich immer zur Familie gehört. Trotzdem war es für mich undenkbar, meinen Hund im Bett schlafen zu lassen. Bei einer Freundin zum Beispiel durfte er das, und ich fand das echt eklig. Da kann man noch so viel putzen und bürsten, der Straßendreck geht ja doch nicht ganz ab. Und erst die Haare! Überhaupt hatte ich stets darauf geachtet, dass mir das liebe Tier nicht zu nahe kam, alleine der Gedanke, wohin er seine Schnauze so zu stecken pflegt, hat gereicht, um auf Abstand zu bleiben. Als dann jedoch meine langjährige Beziehung in die Brüche ging, war ich am Boden zerstört. Besonders schmerzlich empfand ich es, ganz allein im riesigen Doppelbett zu liegen und niemanden mehr zu haben, an den ich mich schmiegen konnte. Es dauerte keine zwei Wochen, dass der Hund nach und nach von seinem Platz im Vorzimmer zunächst ins Schlafzimmer und danach aufs Bett übersiedelte, das ich für ihn extra mit einem alten Laken und einer dünnen Decke bezog. Seither teilen wir das Bett miteinander – jeder auf seiner Seite, aber beim Schlafengehen kuschelt er sich für rund eine Viertelstunde dicht an mich, bevor er sich am Fußende einrollt. Ich weiß, das klingt seltsam, aber es tut so gut, sein Fell an meiner Seite zu spüren.« Auch untertags wird Annas Liebling nun gedrückt, geherzt und gestreichelt. Er gibt Anna auf seine Art viel zurück, indem er ihre Zuneigung sichtlich genießt, sie sogar oft selbst einfordert. Mittlerweile findet Anna auch nichts mehr dabei, wenn ihr Hund ihr in einem Anfall von Liebe feuchte Küsse ins Gesicht schlabbert. Ohne ihren Hund, sagt Anna, hätte sie die Trennung nicht so gut überwunden.

Menschliche Liebe ist schwerer zu finden. Wer Tierliebe in sich trägt, hat eine Option, der Einsamkeit zu entrinnen. Natürlich sind Hund und Katze kein vollwertiger Ersatz für eine gelungene Beziehung, allerdings kann ein felltragender Mitbewohner viele Mankos wettmachen, die aus dem Alleinleben resultieren. Zum einen liebt das Tier seinen Menschen bedingungslos. Dem Hund, der Katze ist es völlig egal, ob ihr Mensch zu viel Gewicht auf die Waage bringt, ob er gerne Volksmusik hört oder schlabbrige Jogginghosen trägt. Und das Beste ist, man kann mit ihnen auch nicht über grundlegende Lebenseinstellungen streiten oder über dreckige Socken auf dem Schlafzimmerboden.

Zudem hält ein Haustier auf Trab. Es ist ein Wesen, um das man sich kümmern muss. Anna: »Am liebsten hätte ich mich nach dem Aus meiner Beziehung heulend im Bett vergraben. Hätte ich auch gemacht, wäre da nicht mein lebenslustiger Hund gewesen. Selbst in der allerschlimmsten depressiven Stimmung habe ich mich aufgerafft um mit ihm spazieren oder spielen zu gehen. So viel Überwindung mich das auch jedes Mal gekostet hat, schlussendlich gab es mir Kraft. Zeitweilig konnte ich über meinem drolligen Hund sogar meinen Kummer vergessen.«

Zugegeben, Menschen, die Tieren sehr zugetan sind, wirken oft sonderbar. Aber ganz ehrlich: Ist es nicht besser, ein wenig seltsam als ganz ohne Liebe durchs Leben zu stolpern?

Wie viel »drücken« ist genug?

Nach Veröffentlichung meines Buches *Der unberührte Mensch* im Oktober 2011 wurde ich immer wieder von der Presse gefragt, wie viele Berührungen ein Mensch täglich braucht. Zwanzig Minuten und mehr geisterten im Raum, woher die Zahl kam, wusste ich nicht genau, irgendjemand hatte sie aufgeschnappt und verbreitet, und ich musste jetzt dafür geradestehen. Jedenfalls können Sie sich sicher vorstellen, dass das keine leicht zu beantwortende Frage ist. Es gibt wenige Bedürfnisse des Menschen, die klar definiert sind. Dazu gehört eine Mindestmenge an Sauerstoff, Wasser, Nahrungsenergie und lebenswichtigen Nährstoffen, die wir täglich aufnehmen müssen. Alles andere ist relativ und individuell unterschiedlich. Sei es das Bedürfnis zu reden, sich zu bewegen, oder eben auch, sich zu berühren und berührt zu werden. Wir brauchen unbedingt angenehmen Körperkontakt, aber das minimale oder optimale Ausmaß variiert von Mensch zu Mensch, aber auch von Tag zu Tag. Es gibt Zeiten, wo wir mehr davon brauchen, aber auch Phasen, wo es uns vielleicht zu viel wird. Jedenfalls kann diese Frage nicht eindeutig beantwortet werden.

Nicht immer ist es angenehm

Dieses Buch hat sich bisher fast ausschließlich mit den positiven Wirkungen von Berührungen befasst und für eine respektvolle, berührungsfreundliche Kultur plädiert. Trotzdem dürfen neben den »to do's« auch die »dont's« nicht fehlen.

Viele Menschen sind zwar angenehmen, nicht-intimen Berührungen gegenüber positiv eingestellt – trotzdem gibt es auch welche, die Berührungen ablehnen, sowie Situationen, in denen Körperkontakt gänzlich unerwünscht ist. Es gibt ungeschriebene Regeln und soziale Normen für das Berührungsverhalten unter uns Menschen. Die meisten haben es im Gespür, was angemessen ist, was sich sozusagen gehört, und wovon man eher die »Finger« lassen sollte. Hier spielen nicht nur das Verhältnis eine Rolle, in dem der Sender und Empfänger zueinander stehen, sondern auch die jeweilige Situation, in der man sich befindet. Anlehnend an die beiden Berührungsforscher Peter A. Andersen und Laura K. Guerrero möchte ich Ihnen folgende Empfehlungen mit auf den Weg geben:

1. Berührungen zwischen Fremden beziehungsweise Arbeitskollegen sollten den Umständen entsprechend angemessen und keinesfalls intim beziehungsweise bedrohlich sein. Außerdem sollte auch die Persönlichkeit, der Charakter und die Herkunft der Person (Low- oder High-Touch-Kultur?), die man berührt, berücksichtigt werden. Ein freundschaftlicher Klaps auf die Schulter eines eher »steiferen« Kollegen kann mitunter ein ruckartiges Zusammenzucken und feindliche Blicke nach sich ziehen, wohingegen die gleiche Aktion bei einem lockeren Mitarbeiter Sympathien wecken kann. Eine »Berührungsflut« beim ersten Date schreckt ebenfalls viele zurück und kann eventuell sogar nach hinten losgehen. Andererseits läuft vor allem der Mann durch ein zu restriktives taktiles Verhalten beim ersten Date manchmal Gefahr, wegen mangelnden Interesses und folgender Langeweile eine äußerst frustrierende Abfuhr zu bekommen. Grundsätzlich ist ein Mindestmaß an Einfühlungsvermögen die unbedingte Voraussetzung für den richtigen Einsatz seiner Hände.
2. Berührungen und Körperkontakt, die physisch verletzen und ihre Spuren hinterlassen, sollten immer vermieden werden. Seien es Ringkämpfe in der Qualität der WWF (World Wrestling

Federation), ein zertrümmernder Schulterschlag, der einen den ganzen Tag in die Schieflage zwingt, ein »freundschaftliches« Boxen in die Magengrube, am besten gleich nach dem Essen, oder auch knochenbrecherisches, knacksendes Händeschütteln, um klare Verhältnisse zu schaffen und sein Opfer »spüren« zu lassen, mit wem man es zu tun hat. All diese Formen des Körperkontakts sind unbedingt zu vermeiden.

3. Body checks, also der Einsatz aller zur Verfügung stehenden körperlichen Mittel, um andere Personen wegzuschieben beziehungsweise wegzudrängen, sind ebenfalls tabu. Ein Klassiker ist der Einstieg in ein öffentliches Verkehrsmittel, das mit einer Viertelstunde Verspätung in die Station einfährt und in dem nur noch zwei freie Plätze von außen zu erkennen sind. Hier sollte man Ruhe und vor allem sein Feingefühl bewahren. Es lohnt sich einfach nicht, wegen Kleinigkeiten Ärger zu provozieren. Auch das Zerren an der Hand, typischerweise um sein »bockiges« Kind dreieinhalb Meter pro Stunde weiterzubewegen, sollte vermieden werden, auch wenn es, wie ich aus eigener Erfahrung sagen kann, nicht immer leicht möglich ist.
4. Berührungen sollten meiner Meinung nach (hier gehen die Ansichten sicher auseinander) nicht stören. Dazu gehören sowohl das Umarmen des Partners, während dieser eine Schlüsselszene in einem Film betrachtet, als auch Küsse auf den Hals, während der Partner mit seinem Steuerberater telefoniert, oder eine Kuschelattacke, während sich die Partnerin die Zehennägel lackiert. Ebenso ist es eher ungünstig, ein Kind, welches Schwierigkeiten hat, sich zu konzentrieren, während der Hausaufgaben abzuknutschen.
5. Kritische, verletzende Bemerkungen sollten vermieden werden, während man jemanden berührt. Niemand braucht doppelte Botschaften. Stellen Sie sich vor, Sie werden von ihrem Partner am Unterarm gestreichelt, während er von sich gibt: »Ab Morgen bin

ich weg!« oder ähnliche Kaliber. Das gehört in die fiese Schublade, die bei Körperkontakt tunlichst nicht geöffnet werden sollte.

6. Auch die jeweilige Situation sollte berücksichtigt werden, bevor man Körperkontakt initiiert. Ich kann mich noch genau erinnern, als mich meine Mutter, als ich siebzehn war, von der Schule abholte und mir dabei in Gegenwart meiner Kumpels einen Kuss auf den Kopf gab. Mir war das irrsinnig peinlich, und ich hätte mich in diesem Augenblick gerne in die letzte Ecke teleportieren lassen. Viele Menschen lassen sich generell in der Öffentlichkeit nicht gerne küssen oder umarmen. Hier ist Feingefühl angesagt.
7. Berührungen sollten ehrlich rüberkommen. Alles oder nichts. Lieber keine Berührungen als falsche Berührungen. Niemand braucht gekünstelte Aktionen. Auch lahmarschige, gelangweilte Berührungen sind vielen Menschen ein Graus. Ähnliches gilt für schlappe Umarmungen oder Händeschütteln. Beim Händeschütteln erkennt man, was der andere von einem hält. Werden nur vorsichtig die Endglieder der Finger gereicht, oder wird, beim anderen Extrem, die Hand dominant gepackt und fest gedrückt? Beides sagt etwas über den Charakter der Person aus.
8. Berührungen sollten kulturelle und religiöse Aspekte und Eigenheiten berücksichtigen. Wenn man zum Beispiel in der Wirtschaftswelt einen Japaner auf beide Wangen küsst, riskiert man möglicherweise den Abbruch der Geschäftsbeziehungen, wohingegen dieser Akt, wenn er herzlich erfolgt, bei jemandem aus dem arabisch-türkischen Raum Sympathien weckt und ein paar Prozent Preisnachlass nach sich ziehen könnte.

Epilog

Berührungsarmut und die wohltuende Wirkung von Körperkontakt werden in den Medien und im öffentlichen Leben kaum thematisiert. Berührungen und Körperkontakt kommen dabei im gesellschaftlichen Dialog praktisch nur im Rahmen von sexuellen Inhalten vor. Körperkontakt ist etwas Selbstverständliches, und der Mangel daran scheint leider ebenfalls selbstverständlich zu sein, so dass er kaum Beachtung findet.

Zu diesem Mangel an Aufklärung kommen noch weitere Faktoren, die verhindern oder es zumindest deutlich erschweren, dass wir unsere regelmäßige Dosis an angenehmen Berührungen erhalten. Dazu gehören das Fehlen eines Partners beziehungsweise einer Familie, Einsamkeit, ein Mangel an sozialen Kontakten, psychische Störungen wie vor allem Depressionen, aber auch die immense technisierte Welt, die uns isoliert. Das Audiovisuelle hat heutzutage eindeutig einen höheren Stellenwert als das Taktile. Unsere Finger berühren eher Handy und Computertasten, Touchscreens und Fernbedienungen als nackte Haut. Die schnelllebige Onlinegesellschaft fordert ihren Tribut. Hier helfen nur Aufklärung und die Schaffung von Bewusstsein. Die technische und soziale Entwicklung können wir nicht bremsen, aber wir können viel kompensieren und gegensteuern, indem wir uns mehr Körperkontakt gönnen.

Ich hoffe, dass ich Ihnen dieses so wichtige Thema näher bringen konnte und dass Sie in Zukunft mehr davon profitieren können. Denken Sie einfach daran: Angenehme, zärtliche Berührungen kosten nichts, bedürfen keines großen Kraftaufwands, sind an keinen Ort und keine Zeit gebunden und haben keine negativen Nebenwirkungen – ganz im Gegenteil.

Ihr
Cem Ekmekcioglu

Literatur

Innerhalb der Kapitel sind die Quellenhinweise alphabetisch nach den Nachnamen der Erstautoren aufgeführt.

1 Berührung ist Leben

Banissy, M.J., Ward, J., Mirror-touch synesthesia is linked with empathy. Nat Neurosci, 2007, 10: 815–6.

Banissy, M.J., et al., Enhanced sensory perception in synaesthesia. Exp Brain Res, 2009, 196: 565–71.

Blakemore, S.J., et al., Somatosensory activations during the observation of touch and a case of vision-touch synaesthesia. Brain, 2005, 128: 1571–83.

Botvinick, M., Cohen, J. Rubber hands feel touch that eyes see. Nature, 1998, 391: 756.

Bufalari, I., et al., Empathy for pain and touch in the human somatosensory cortex. Cereb Cortex, 2007, 17: 2553–61.

Gallese, V., Mirror neurons and the social nature of language: the neural exploitation hypothesis. Soc Neurosci, 2008, 3: 317–33.

Hertenstein, M.J., et al., The communicative functions of touch in humans, nonhuman primates, and rats: a review and synthesis of the empirical research. Genet Soc Gen Psychol Monogr, 2006, 132: 5–94.

Keysers, C., et al., A touching sight: SII/PV activation during the observation and experience of touch. Neuron, 2004, 42: 335–46.

Keysers, C., Gazzola, V., Expanding the mirror: vicarious activity for actions, emotions, and sensations. Curr Opin Neurobiol, 2009, 19: 666–71.

Pearce, J.M., Synaesthesia. Eur Neurol, 2007, 57: 120–4.

Rizzolatti, G., et al., Resonance behaviors and mirror neurons. Arch Ital Biol, 1999, 137: 85–100.

Schneider, S., Muller, U., [Synaesthesia towards a cognitive neuroscience of coloured hearing]. Fortschr Neurol Psychiatr, 2001, 69: 532–8.

Taylor, J.L., The stages of human life. 1921.

Yoo, S.S., et al., Neural substrates of tactile imagery: a functional MRI study. Neuroreport, 2003, 14: 581–5.

2 Die Macht der Berührung

Ackerman, J.M., et al., Incidental haptic sensations influence social judgments and decisions. Science, 328: 1712–5.

Crusco, A.H., Wetzel, C.G., The Midas Touch. The Effects of Interpersonal Touch on Restaurant Tipping. Pers Soc Psychol Bull, 1984, 10: 512–517.

Damasio, A.R., et al., Subcortical and cortical brain activity during the feeling of selfgenerated emotions. Nat Neurosci, 2000, 3: 1049–56.

Diego, M.A., et al., Aggressive adolescents benefit from massage therapy. Adolescence, 2002, 37: 597–607.

Eschenröder, C.T., Eye Movement Desensitization and Reprocessing. Aus: Linden, M., Hautzinger, M. (Ed.). Verhaltenstherapiemanual, Springer Verlag, 2011, 149–155.

Essick, G.K., et al., Psychophysical assessment of the affective components of nonpainful touch. Neuroreport, 1999, 10: 2083–7.

Essick, G.K., et al., Quantitative assessment of pleasant touch. Neurosci Biobehav Rev, 2010, 34: 192–203.

Field, T.M., et al., Adolescents with attention deficit hyperactivity disorder benefit from massage therapy. Adolescence, 1998, 33: 103–8.

Fisher, J.D., et al., Hands touching hands: affective and evaluative effects of an interpersonal touch. Sociometry, 1976, 39: 416–21.

Gallace, A., Spence, C., The science of interpersonal touch: an overview. Neurosci Biobehav Rev, 2010, 34: 246–59.

Gray, L., et al., Skin-to-skin contact is analgesic in healthy newborns. Pediatrics, 2000, 105: e14.

Gueguen, N., Fischer-Lokou, J., An evaluation of touch on a large request: a field setting. Psychol Rep, 2002, 90: 267–9.

Gueguen, N., Kind of touch, gender and compliance to a request : A pilot study. Studia Psychologica, 2002, 44: 167–172.

Gueguen, N., The effect of a man's touch on woman's compliance to a request in a courtship context. Social influence, 2007, 2: 81–97.

Gueguen, N., The effect of a woman's incidental tactile contact on men's later behavior. Social Behavior and Personality, 2010, 38: 257–266.

Gueguen, N., Touch, awareness of touch, and compliance with a request. Percept Mot Skills, 2002, 95: 355–60.

Henley, N., Body politics. Power sex, and nonverbal communication. 1977, Englewood Cliffs, NJ: Prentice–Hall

Hertenstein, M.J., et al., The communicative functions of touch in humans, nonhuman primates, and rats: a review and synthesis of the empirical research. Genet Soc Gen Psychol Monogr, 2006, 132: 5–94.

Hertenstein, M.J., et al., Touch communicates distinct emotions. Emotion, 2006, 6: 528–33.

Kaufman, D., Mahoney, J.M., The effect of waitresses' touch on alcohol consumption in dyads. J Soc Psychol, 1999, 139: 261–7.

Khilnani, S., et al., Massage therapy improves mood and behavior of students with attention-deficit/hyperactivity disorder. Adolescence, 2003, 38: 623–38.

Klinke, R., et al., Physiologie. 2009, Stuttgart: Thieme.

LeDoux, J., The amygdala. Curr Biol, 2007, 17: R868–74.

Martin-Sölch, C., Neurowissenschaftliche Aspekte der Emotionsregulation. Psychotherapie Forum, 2004, 12: 71–78.

McGlone, F., et al., Discriminative touch and emotional touch. Can J Exp Psychol, 2007, 61: 173–83.

McGlone, F., Reilly, D., The cutaneous sensory system. Neurosci Biobehav Rev, 2010, 34: 148–59.

Meise, S. EMDR-heilsame Augenbewegungen. Psychologie Heute 2010, 44–48.

Olausson, H., et al., The neurophysiology of unmyelinated tactile afferents. Neurosci Biobehav Rev, 2010, 34: 185–91.

Peters, R.M., et al., Diminutive digits discern delicate details: fingertip size and the sex difference in tactile spatial acuity. J Neurosci, 2009, 29: 15756–61.

Rolls, E.T., The affective and cognitive processing of touch, oral texture, and temperature in the brain. Neurosci Biobehav Rev, 2010, 34: 237–45.

Schmidt, R.F., et al., Physiologie des Menschen. 2010, Berlin: Springer.

Vaidis, D.C., Halimi-Falkowicz, S.G., Increasing compliance with a request: two touches are more effective than one. Psychol Rep, 2008, 103: 88–92.

von Knorring, A.L., et al., Massage decreases aggression in preschool children: a longterm study. Acta Paediatr, 2008, 97: 1265–9.
Williams, L.E., Bargh, J.A., Experiencing physical warmth promotes interpersonal warmth. Science, 2008, 322: 606–7.
Willis, F., Hamm, H., The use of interpersonal touch in securing compliance. J Nonverbal Behav, 1980, 5: 49–55.

3 Wir werden zu wenig berührt

Bowlby, J., Developmental psychiatry comes of age. Am J Psychiatry, 1988, 145: 1–10.
Ditzen, B., et al., Intranasal oxytocin increases positive communication and reduces cortisol levels during couple conflict. Biol Psychiatry, 2009, 65: 728–31.
Ekmekcioglu, C., 50 einfache Dinge, die Sie über das Altern wissen sollten. 2009, Frankfurt/München: Westend Verlag
Field, T., American adolescents touch each other less and are more aggressive toward their peers as compared with French adolescents. Adolescence, 1999, 34: 753–8.
Gallace, A., Spence, C., The cognitive and neural correlates of tactile memory. Psychol Bull, 2009, 135: 380–406.
Gallace, A., Spence, C., The science of interpersonal touch: an overview. Neurosci Biobehav Rev, 2010, 34: 246–59.
Grossmann, K., Grossmann, K.E., Bindungen – das Gefüge psychischer Sicherheit. 2006, Klett-Cotta.
Hurlemann, R., et al., Oxytocin enhances amygdala-dependent, socially reinforced learning and emotional empathy in humans. J Neurisci, 30: 4999–5007.
ICI, The ICI Report on the Secrets of the Senses. In association

with Oxford University (http://www.blindnessandarts.com/papers/ICIsensessynopsisdocument.pdf).

Jourard, S.M., An exploratory study of body-accessibility. Br J Soc Clin Psychol, 1966, 5: 221–31.

Jourard, S. M., Disclosing man to himself. Princeton, NJ: Van Nostrand, 1968.

Kennedy, D.P, et al., Personal space regulation by human amygdala. Nat Neurosci, 2009, 12: 1226–27.

Klaus, M.H., et al., Maternal attachment. Importance of the first post-partum days. N Engl J Med, 1972, 286: 460–3.

Klaus, M.H., Klaus, P.H., Das Wunder der ersten Lebenswochen. 2000, Kösel.

Lee, H.J., et al., Oxytocin: the great facilitator of life. Prog Neurobiol, 2009, 88: 127–51.

Liu, Y., Wang, Z.X., Nucleus accumbens oxytocin and dopamine interact to regulate pair bond formation in female prairie voles. Neuroscience, 2003, 121: 537–44.

Nguyen, T., et al., The meanings of touch: Sex differences. J Commun, 1975, 25: 92–103.

Nguyen, T., et al., The meanings of touch: Sex and marital status differences. Representative Research in Social Psychology, 1976, 7: 13–18.

OE1, Körperkontakt, 2010. http://oe1.orf.at/programm/252174

Remland, M.S., et al., Interpersonal distance, body orientation, and touch: effects of culture, gender, and age. J Soc Psychol, 1995, 135: 281–97.

Sharpe, P.A., et al., A randomised study of the effects of massage therapy compared to guided relaxation on well-being and stress perception among older adults. Complement Ther Med, 2007, 15: 157–63.

Silverthorne, C., et al., Attribution of personal characteristics as a function of the degree of touch on initial contact and sex. Sex Roles, 1976, 2: 185–193.

Steptoe, A., et al., Positive affect and psychobiological processes relevant to health. J Pers, 2009, 77: 1747–76.

Strasburger, V.C., et al., Health effects of media on children and adolescents. Pediatrics, 125: 756–67.

Takeuchi, M.S., al., The Effect of Interpersonal Touch During Childhood on Adult Attachment and Depression: A Neglected Area of Family and Developmental Psychology? J Child Fam Stud, 2010, 19: 109–117.

Uslucan, H.-H., et al., Jugendgewalt und familiale Desintegration. Psychologie in Erziehung und Unterricht, 2003, 3: 281–292.

van der Horst, F.C., van der Veer, R., Loneliness in infancy: Harry Harlow, John Bowlby and issues of separation. Integr Psychol Behav Sci, 2008, 42: 325–35.

van IJzendoorn, M.H., Juffer, F., Adoption Is a Successful Natural Intervention Enhancing Adopted Children's IQ and School Performance. Current Directions in Psychological Science, 2005, 14: 326–330.

von Knorring, A.L., et al., Massage decreases aggression in preschool children: a longterm study. Acta Paediatr, 2008, 97: 1265–9.

Wilson, R.S., et al., Loneliness and risk of Alzheimer disease. Arch Gen Psychiatry, 2007, 64: 234–40.

Weiss, S.J., et al., Maternal Tactile Stimulation and the Neurodevelopment of Low Birth Weight Infants. Infancy, 2004, 5: 85–107.

5 Berührungen bekommen und genießen

Andersen, P.A., Guerrero, L.K., Haptic behavior in social interaction. In: Human Haptic Perception, M. Grunwald, Editor. 2008, Birkhäuser: Basel. p. 155–163.

Burgess, C., et al., Depression and anxiety in women with early breast cancer: five year observational cohort study. BMJ, 2005, 330: 702.

Field, T., et al., Cortisol decreases and serotonin and dopamine increase following massage therapy. Int J Neurosci, 2005, 115: 1397–413.

Field, T., et al., Fibromyalgia pain and substance P decrease and sleep improves after massage therapy. J Clin Rheumatol, 2002, 8: 72–6.

Kraus, M.W., et al., Tactile communication, cooperation, and performance: an ethological study of the NBA. Emotion, 10: 745–9.

Krohn, M., et al., Depression, mood, stress, and Th1/Th2 immune balance in primary breast cancer patients undergoing classical massage therapy. Support Care Cancer, 2010.

Kutner, J.S., et al., Massage therapy versus simple touch to improve pain and mood in patients with advanced cancer: a randomized trial. Ann Intern Med, 2008, 149: 369–79.

Listing, M., et al., The efficacy of classical massage on stress perception and cortisol following primary treatment of breast cancer. Arch Womens Ment Health, 13: 165–73.

Wilkinson, S., et al., Massage for symptom relief in patients with cancer: systematic review. J Adv Nurs, 2008, 63: 430–9.

Weitere Literatur

Anzieu, Didier, *Das Haut-Ich*. 1996, Suhrkamp.

Damasio, Antonio R., *Ich fühle, also bin ich: Die Entschlüsselung des Bewusstseins*. 2002, Ullstein.

Field, Tiffany, *Streicheleinheiten*. 2003, Droemer Knaur.

Montagu, Ashley, *Körperkontakt*. 2004, Klett-Cotta.

Wagener, Uta, Fühlen – Tasten – Begreifen. 2000, Oldenburg: Bis Verlag.

Internet-Quellen

www.adhs-deutschland.de/
www.alltagsforschung.de/die-psychologie-von-beruhrungen/
www.aufrecht.net
www.beste-haende.at
www.bindungstherapie.com
www.blumau.com
www.diekuschelparty.at
www.drmariamoritz.at
www.flirttrainer.at
www.freehugscampaign.org
www.gesundesgehirn.at
www.hilferuf.de
www.lebenshilfe-abc.de/angst vor-beruehrungen.html
www.nicolas.gueguen.free.fr/
www.med1.de/Forum/Untergewicht/
www.morenergy.at
www.reikiseminar.net
www.shiatsu-austria.at
www.stangl.eu/psychologie/entwicklung/Jugend-Gewalt.shtml
www.synaesthesieforum.de
www.zeit.de/online/2009/12/gewalt-in-familien